그리스도인으로 산다는 것

성경과 교리로 배우는
그리스도인으로 산다는 것

지은이 | 이성호
초판 발행 | 2025. 12. 3
등록번호 | 제1988-000080호
등록된 곳 | 서울특별시 용산구 서빙고로 65길 38
발행처 | 사단법인 두란노서원
영업부 | 2078-3333   FAX | 080-749-3705
출판부 | 2078-3331

책값은 뒤표지에 있습니다.
ISBN 978-89-531-5206-9 03230

독자의 의견을 기다립니다.
tpress@duranno.com   www.duranno.com

두란노서원은 바울 사도가 3차 전도여행 때 에베소에서 성령 받은 제자들을 따로 세워 하나님의 말씀으로
양육하던 장소입니다. 사도행전 19장 8-20절의 정신에 따라 첫째 목회자를 돕는 사역과 평신도를 훈련시
키는 사역, 둘째 세계선교(TIM)와 문서선교 (단행본·잡지) 사역, 셋째 예수문화 및 경배와 찬양 사역, 그리고 가
정·상담 사역 등을 감당하고 있습니다. 1980년 12월 22일에 창립된 두란노서원은 주님 오실 때까지 이 사
역들을 계속할 것입니다.

성경과 교리로 배우는

그리스도인으로
산다는 것

이성호 지음

두란노

나그네로 살아가는
신자들의 삶

예수님의 수제자였던 베드로 사도는 신자를 나그네에 비유했다 (벧전 1:1). 신자를 비유적으로 표현하는 여러 단어가 있지만, 나그네 야말로 "어떻게 살아야 하는가?"에 대한 가장 적절한 답이라고 생각한다. 믿음의 조상 아브라함을 비롯한 믿음의 선진들은 이 세상에서 나그네로 살았다. 무엇보다 우리가 믿는 주 예수님이 나그네의 삶을 사셨다. 그렇다면 스스로 나그네라고 생각하는 신자야말로 이 세상에서 참으로 행복한 삶을 누릴 수 있을 것이다.

나그네는 이 세상 안에서 살아가지만, 이 세상에 속하지 않은 사람이다. 이 세상을 무시하지도 않지만, 이 세상에 집착하지도 않는다. 나그네는 이 세상에 살면서 항상 가야 할 본향을 바라본다.

이 본향이 나그네의 삶을 규정한다. 따라서 나그네는 아무렇게나 살지 않는다. 오히려 자신만의 분명한 기준을 가지고 살아간다. 그 기준은 하나님이 주신 것이며, 세상의 기준과는 근본적으로 다르다.

신자마다 다르겠지만, 이 책을 읽는 대부분의 독자는 대한민국이라는 나라에서 살아가는 나그네다. 그런데 이 나라의 사회와 문화는 신자들에게 여러 가지 방식으로 점점 위험하게 변하고 있다. 세상 사람들은 자신들의 행복을 스스로에게서 찾는다. 자기 자신이 가치 판단의 기준이 되어 버렸다. 이것은 사람들의 삶에 실제적으로 많은 영향을 미친다. 대표적인 예로 결혼에 대한 생각이 이전에 비해서 많이 달라졌다. 나그네로서의 분명한 정체성을 상실한다면, 신자들은 세상적 가치관을 그대로 따라갈 수밖에 없다.

　다원주의가 보편화된 오늘날에는 삶의 기준이 상실되었다. 사사 시대처럼 많은 신자가 자기 소견에 옳은 대로 살아간다. 그런 사람은 나그네라기보다는 떠돌이라고 할 수 있다. 나그네와 떠돌이의 차이는 삶의 지침이 있는가의 여부다. 그런 의미에서 이 책은 대한민국에서 나그네로 살아가는 신자들을 위한 지침서로 쓰였다. 나 또한 이 나라에 속해 있기 때문에, 이 책은 나를 위한 것이기도 하다. 실제로 〈목회와 신학〉으로부터 원고 청탁을 받고 매월 글을 쓰면서 삶을 계속 돌아보게 되었다. 그 기간 동안 스스로 많은 유익을 얻었는데, 이제 그 내용을 책으로 출판하여 더 많은 사람에게 유익을 주게 되어 기쁘게 생각한다. 참된 신자들은 "그러면 어떻게 살아야 하는가?"에 대해서 늘 고민할 것이다. 이 책이 그런 고민을 하는 분들에게 하나의 나침반이 되기를 소망한다.

2025. 12.

이성호

× 그리스도인의 삶 1 ×

도전받는

성경적 결혼관

각 사람의 인생에서 가장 중요한 일이 무엇인지 하나만 꼽으라고 한다면 대부분 '결혼'이라고 답할 것이다. 인생에서 결혼만큼 더 중요한 것이 뭐가 있을까? 그런데 이 중요한 문제에서 신앙은 신자에게 얼마나 영향을 미칠까? 예를 들어, 신자가 비신자보다 결혼을 더 많이 할까? 또는 신자의 이혼율이 비신자에 비해서 더 낮을까? 여기에 대한 정확한 통계는 없지만, 별반 차이가 없으리라는 것이 개인적인 의견이다.

물론 성경이 말하는 결혼과 세상이 이해하는 결혼이 본질적으로 다르지 않다고 말할 수도 있을 것이다. 혹은 이 둘이 서로 다르다고 해도 결혼율과 이혼율과는 무관하다고 주장할 수도 있을 것이다. 하지만 그것이 참이라고 한다면, 주일에 정기적으로 예배에 참석하는 종교적 행위 외에 신앙이 도대체 신자의 삶에 어떤 영향을 줄 수 있다는 말인가? 만약 결혼에 대한 성경의 가르침이 세상의 가르침과 다르다면, 결혼에 대해 신자는 비신자와 무엇인가 의미 있는 차이가 있어야 할 것이다.

결혼이 인생의 중요한 문제임에도 불구하고 교회는 이 부분에 대해서 성도에게 올바로 가르치는 일에 실패하고 있다. 매우 안타까운 일이다. 청년들이 결혼하지 않아서 큰일이라고 걱정은 하지만, 정작 결혼에 대해서 바르게 가르치는 일에는 힘쓰지 않는다. 또는 그들의 결혼을 위해 기도만 할 뿐, 구체적인 노력은 기울이지 않는다. 결혼은 그저 당사자가 알아서 할 문제에 불과하다고 생각한다. 그 결과, 기독 청년들은 결혼에 대해 비신자와 크게 다르지 않은 생각을 갖고 있다. 특히 배우자를 선정하는 기준이 비신자와 별반 다르지 않다는 것을 쉽게 발견한다.

하나님의 일[1]

성경을 통해 우리는 결혼이 하나님의 일이라는 것을 분명하게 알게 된다. "하나님이 짝지어 주신 것을 사람이 나누지 못할지니라"(마 19:6). 이것은 결혼에 대한 가장 중요한 구절이며, 주로 결혼식에서 성혼 공포를 할 때 인용된다. 먼저, '짝지어 주신 것'에 대한 오해를 바로잡을 필요가 있다. 많은 신자가 이 구절을 예정론적으로 이해하여, 하나님께서 미리 정해 놓으신 배우자가 따로 있다고 생각한다. 물론 하나님께서 배우자를 예비하신다는 말 자체는 틀리지 않지만, 이 문구가 의도하는 바는, 하나님께서 두 사람을 풀로 붙이

---

1 결혼에 대해서는 다음 저서를 참고하라. 이성호, 《결혼한 자들에게 내가 명하노니》(그책의사람들, 2020).

듯 나눌 수 없게 확실하게 하나가 되게 하셨다는 것이다.

결혼은 하나님이 한 남자와 한 여자를 한 몸이 되게 하시는 일이다. 다시 말해서, 결혼은 하나님의 일이다. 결혼이 하나님의 일이라는 교리는 결혼을 이해하는 데 있어 가장 중요하며, 아무리 강조해도 지나치지 않는다. 이 교리에 대해서 무지하게 될 때, 결혼은 하나님의 일이 아니라 인간의 일로 바뀌게 되고, 결국 신자와 비신자의 결혼은 별반 차이가 없게 된다. 실제로 오늘날 교회에서 결혼은 하나님의 일이 아니라 개인의 일, 혹은 가정사로 치부될 뿐이다.

결혼이 하나님의 일이기 때문에 신자는 '주 안에서' 결혼해야 한다. 하지만 이 개념이 사라지게 된 결과, 오늘날 많은 기독 청년이 결혼에 대해서 자기 소견에 옳은 대로 판단하고 결정한다. 대표적으로 결혼에 대한 성경의 가르침을 부담스럽게 생각하고, 교회의 지도를 받으려고 하지 않는다. '주 안에서'는 단지 배우자가 신자면 된다는 것 이상의 의미를 지니지 않는다. 심지어 조건이 좋다면 비신자와의 결혼도 마다하지 않는다. 목사의 주례를 거부하고, 자신들이 원하는 방식대로 결혼식을 진행하기도 한다. 오늘날 대부분의 결혼 예식은 비신자가 운영하는 예식장에서 일하는 진행 요원에 의해서 주도될 뿐이다. 이렇게 '주 안에서'라는 말은 인생의 가장 중요한 순간에도 별 의미 없는 구호에 불과하다.

'혼자 사는 것이 좋지 아니하니'

전적으로 타락한 인간은 결혼에 대한 올바른 지식을 잃어버렸다. 결혼은 수학적 지식이 아니기 때문에 열심히 이성으로 분석한다고 알 수 있는 것이 아니다. 또한 경험적 지식도 아니기 때문에 결혼을 많이 한다고 해서 결혼에 대해 더 잘 알게 되는 것도 아니다. 오히려 결혼에 대한 잘못된 지식만 쌓일 뿐이다. 타락한 인간은 결혼이 어떻게 시작되었는지도 모른다. 때문에 결혼의 의미도, 목적도 알 수 없다.

성경은 타락한 인간에게 결혼이 어떻게 시작되었는지 정확하게 알려 주고 있다. 하나님은 먼저 남자를 만드셨다. 하지만 그가 혼자 있는 것이 좋지 못하다고 판단해 돕는 배필을 만드셨으니, 그녀가 바로 하와다. 이것은 결혼을 이해하는 데 매우 중요하다. 우리는 창세기 1장에서, 하나님께서 창조하신 피조 세계에 대해 '보시기에 좋았다'는 평가가 반복되고 있음을 잘 알고 있다. 그러나 2장을 통해서는 그 표현이 적어도 하와의 창조 때까지는 유보되어 있었다는 점을 알 수 있다. 하와가 없는 창조는 하나님 보시기에 '좋은' 창조가 될 수 없었다.

결혼의 기원에 대한 무지로 인해, 신자들조차 결혼에 대해 하나님과 반대가 되는 판단을 쉽게 한다. 결혼을 인간의 일로 생각하기 때문이다. 요즘 청년들은 결혼을 필수라고 여기지 않는다. 결혼하지 않고 혼자 살아도 상관없다고 생각할 뿐 아니라, 오히려 결혼을 안 하는 것이 훨씬 더 낫다고 여긴다. 이들에게 결혼은 더 큰 행복을 가로막는 걸림돌이 될 뿐이다. 하나님께서 좋지 않다고 판단하신 독신을 오늘의 사람들은 좋다고 여기며, 이와 같은 불신앙적 판단을 별문제가 없다고 생각한다.

한 남자와 한 여자

결혼은 한 남자와 여러 여자, 혹은 남자와 남자의 연합이 아니라, '한 남자와 한 여자'의 연합이다. 최근까지 이 정통 교리는 크게 도전받지 않았다. 일부다처제는 교회에서 용인되지 않았으며, 동성 간 결혼은 엄격하게 정죄받았다. 기독교가 처음 한국에 들어왔을 때 보수적인 선교사들은 첩 제도를 반대했고, 기독교 여성들은 이 제도를 폐지하는 데 가장 앞장섰다. 그 결과, 1천 년 넘게 내려오던 첩 제도는 한반도에서 폐지되었고, 이 제도로 고통 받았던 수많은 여성은 복음을 통해서 해방의 기쁨을 맛볼 수 있었다.

동성혼은 오늘날 가장 민감한 주제다. 해외에서는 이미 많은 교회가 동성혼을 인정하는 추세를 보이고 있다. 미국에서 가장 큰 장로교단인 미국 장로교회(PCUSA)는 웨스트민스터 신앙 고백서의 결혼에 대한 정의를 '한 남자와 한 여자'에서 '두 사람, 전통적으로는 한 남자와 한 여자'로 수정했다. 즉 '한 남자와 한 여자'는 더 이상 보편적 교리가 아니라 역사적 관습으로 해석되고 있다. 이것은 교리 없는 '오직 성경'이 얼마나 위험할 수 있는지를 잘 보여 주는 예다.

교리를 중요하게 생각하지 않으면 성경의 교훈은 하나의 전통으로 전락한다는 것이 역사의 교훈이다. 미국 장로교회의 사례만 보아도 동성애 문제를 교리 없이 성경으로만 극복할 수 있다는 것은 순진한 생각이다. 성경 구절 하나만 다르게 해석해도 얼마든지 잘못된 결혼 교리가 교회 안에 자리 잡을 수 있기 때문이다.

'한 남자와 한 여자'라는 교리를 거부한 또 하나의 결과는 반려동물 문화가 증가하고 있다는 것이다. 알다시피 최근 10여 년 사이에 반려동물이 급격하게 증가하고 있다. 이것은 성경의 창조 기사가 오늘 우리 삶에도 얼마나 적실한지를 잘 보여 준다. 놀랍게도, 하나님께서 혼자 있는 아담이 좋지 못하다고 판단하여 돕는 배필을 지으리라고 결정한 후에(창 2:18) 처음으로 만든 배필은 각종 들짐승과 공중의 새였다(창 2:19). 이들 역시 아담과 마찬가지로 흙으로 창조하셨다. 하지만 그들은 아담의 돕는 배필이 될 수 없었다. 그들이 아담에게 어떤 도움을 줄 수는 있었겠지만, 아담과 동등한 '배필'(케네그도)은 될 수 없었다. 그러나 현대 사회는 독신이 증가하면서 반려동물이 점차적으로 돕는 배필의 역할을 하고 있다.

부모를 떠나

결혼의 전제 조건은 부모를 떠나는 것이다. 이 말은 부모를 버리라는 의미가 아니다. 이 구절이 강조하는 것은, 부부의 연합이 부모와 자녀의 관계보다 더 친밀하다는 것이다. 부모와 자녀는 출생이나 입양을 통해 연합된다. 어떻게 보면 세상에서 가장 친밀한 관계처럼 보인다. 그래서 유교에서는 부모와 자녀의 관계를 '천륜'(天倫)이라고 한다. 이에 반해서 부부의 관계는 '인륜'(人倫)이라고 설명한다. 하지만 이것은 성경의 가르침과 정반대라고 할 수 있다. 성경의 표현을 따르면, 사람의 의지로 이루어진 부모와 자녀의 관계는 인륜이며(요 1:13), 하나님께서 짝지어 주신 부부의 관계가 천륜이다. 따라서 부부의 관계가 부모와 자녀의 관계보다 더 앞선다.

'부모를 떠난다'는 것은 행복한 결혼을 위한 매우 중요한 교리다. 그러나 의외로 이 교리를 무시하는 부모가 많다. 자녀의 결혼 생활에 부모가 간섭하는 경우를 종종 보게 된다. 아마 자신들의 지혜가 자녀의 더 행복한 결혼 생활을 보장한다고 생각하기 때문에 그렇게 행동할 것이다. 하지만 그와 같은 간섭 자체가 자녀의 결혼을 불행하게 만든다. 심지어 자녀를 도와주는 것도 궁극적으로 해가 될 수 있다. 자녀가 도와 달라고 하지 않는 한, 혹은 명백하게 도움을 줘야 하는 극히 예외적인 경우가 아니라면 자녀가 스스로 문제를 해결하도록 하는 것이 현명하다.

우리나라에서 고부 갈등은 매우 심각한 상황이다. 궁극적인 이유는, 아들을 진정으로 떠나보내지 못했기 때문이다. 결혼 전까지는 어머니의 말을 잘 듣던 착한 아들이 결혼 후에는 그렇지 않다는 이유로, 그 책임이 자연스럽게 며느리에게로 전가된다. 이 점에서 어머니는 결혼 이전에 아들을 떠나보낼 준비를 해야 하며, 결혼한 딸에 대해서도 자기 방식대로 해야 한다고 지적하는 습관을 버려야 한다. 그리고 현재 교제 중인 청년들은 상대방이 얼마나 독립적인 사고와 판단을 하고 있는지 유심히 확인할 필요가 있다. 소위 '마마보이'는 결혼하고 나서도 변할 가능성이 거의 없다는 것을 명심해야 한다. 결혼 전에는 그가 훌륭하고 착한 효자처럼 보일 수도 있겠지만, 결혼하고 난 이후에 그와 같은 태도는 행복한 결혼을 위기로 몰아넣을 뿐이다.

서로 돕기 위해

결혼은 남녀가 서로 돕기 위해 제정되었다. 남자 혹은 여자가 혼자 있는 것이 좋지 않다는 말은 단순히 외로움을 의미하지 않는다. '좋지 않다'는 것은 창조의 목적에 부합하지 않는다는 것을 의미한다. 그러므로 이 구절은 직분론적 관점에서 이해할 필요가 있다. 하나님께서 창조하신 세계에서 아담은 하나님의 대리 통치자로 지음받았지만, 세상을 다스리라는 명령을 혼자서 감당할 수 없었다. 남자와 여자는 자신이 스스로 부족한 존재임을 인정해야 하며, 자신에게 맞는 돕는 배필을 구해야 한다.

오늘날 결혼하지 않으려 하는 큰 이유 중 하나는 혼자서도 얼마든지 행복할 수 있다고 생각하기 때문이다. 심지어 결혼하지 않아야 더 행복하게 살 수 있다고 생각한다. 그 이유는 무엇일까? 하나님께서 주신 사명을 고려하지 않기 때문이다. 결혼이 하나님의 일임을 잊었기에 하나님의 사명도 생각하지 않는다. 그들에게 생육하고 번성하여 땅에 충만해 세상을 다스리라는 명령과 복은 하나님의 말씀이 아니라 먼 옛날이야기일 뿐이다.

인생의 복을 하나님의 명령에서 찾지 않으면 결혼이 꼭 필요한 것은 아니다. 기본적인 신앙을 가진 청년이라면 하나님의 영광을 위해 살기를 원할 것이다. 문제는 그 영광을 무엇인가 특별한 것이라고 생각한다는 것이다. 예전에는 주로 목사나 선교사가 되는 것이라고 생각했다. 이와 같은 생각에 빠지면 결혼해서 남편을 돕고, 자녀를 낳고, 가정을 세우는 일을 가볍게 여긴다. 아마 "젊은이는 시집가서 아이를 낳고 집을 다스리고 대적에게 비방할 기회를 조금도 주지 말기를 원하노라"(딤전 5:14)와 같은 구절이 성경에 있다는 사실조차 모르는 청년이 적지 않을 것이다.

'서로 돕는 것'은 배우자 선정에서도 매우 중요한 부분이다. 특히 한국인에게 그러하다. 결혼이 서로 돕기 위한 것이라는 말씀을 정말 믿는다면 어떤 기준으로 배우자를 구하게 될까? 당연히 자신이 도울 수 있고, 또 자신을 도울 수 있는 사람을 찾을 것이다. 그러나 실제로는 '자신이' 도울 수 있는 사람에는 별 관심이 없고, '자신을' 잘 도울 수 있는 사람에만 관심을 갖는 경우가 많다. 한 텔레비전 프로그램에서 어떤 한국 여성이 학벌도 좋고, 직장과 연봉도 좋고, 집안도 좋은 배우자를 찾는다고 하자, 그 이야기를 유심히 듣던 한 외국인 여성이 "당신은 거지예요?"라는 충격적인 질문을 던진 장면을 본 적이 있다. '서로 돕는'이라는 개념이 없으면, 신자나 그들의 부모도 그 여자처럼 속물적으로 변할 수 있다는 것을 유념해야 한다.

내가 출석하는 남천안장로교회에는 참으로 '아름다운' 젊은 여인이 있다. 그녀는 희귀병으로 다리를 잘 사용하지 못하는 장애가 있는 남성과 결혼했다. 평생 남편의 장애를 도와야 하는데, 벌써 아이를 두 명이나 낳았다. 남편을 돕는 것도 힘든데 육아의 짐까지 져야 한다. 물론 남편도 자신이 감당할 수 있는 한 아내를 잘 돕고 있다. 오늘날 많은 사람에게 이와 같은 결혼은 감당하기 어렵게 보일 것이다. 그러나 주는 것이 받는 것보다 복되다는 주의 말씀을 진리로 받아들인다면, 이것은 얼마든지 복된 결혼이 될 것이다.

부정을 막기 위해

하나님은 부부에게 무거운 사명만 맡기신 것이 아니다. 부부만이 누릴 수 있는 특별한 복도 주셨다. 그것은 바로 '성'(性)이다. 결혼한 아담과 하와는 벗었으나 서로 부끄러워하지 않았다. 그들은 하나님께서 주신 사랑의 기쁨을 있는 그대로 누릴 수 있었다. 그러나 이 복은 타락으로 인해 완전히 변질되었다. 그들은 벗은 모습을 보고 서로 부끄러워했고, 그들 사이의 친밀함은 더 이상 유지될 수 없었다.

오늘날 젊은 세대에게 성적 순결은 고리타분한 개념으로 이해되고 있다. 성은 단지 생리적인 반응이며 쾌락의 수단일 뿐이다. 서로 좋아하는 사이의 성관계는 죄로 인정되지 않는다. 이런 관점에 따르면 결혼 안에서의 성과 결혼 밖에서의 성에 아무런 차이가 없다. 심지어 더 큰 쾌감을 느낄 수 있다면 결혼 밖에서의 성이 더 좋은 것으로 여겨지기도 한다. 하지만 하나님께서 선물로 주신 성은 단순한 육체적 쾌락 행위가 아니라, 두 사람을 가장 친밀한 관계로 이끄는 수단이다. 결혼 안에서의 성은 두 사람을 하나로 만들어 거룩함으로 이끌지만, 결혼 밖에서의 성은 두 사람을 더럽히고 가증한 존재로 만들어 버린다.

혼인은 부정을 막기 위해 제정되었다(고전 7:2). 불타는 정욕은 결코 창녀를 통해 해결될 수 없다. 혼인의 목적이 부정을 막는 것이라고 이야기하면 무엇인가 수준이 낮다고 생각할 수 있는데, 부정을 막는다는 것은 곧 거룩을 유지하고 추구하는 것이라고 바꿔 말할 수 있다. 그렇다! 혼인은 신자가 이 땅에서 거룩함을 유지하도록 하나님께서 주신 귀한 선물이다.[2]

음행을 대수롭지 않게 생각했던 고린도 교인들에게 바울은 이렇게 명령한다. "음행을 피하라 사람이 범하는 죄마다 몸 밖에 있거니와 음행하는 자는 자기 몸에 죄를 범하느니라 너희 몸은 너희가 하나님께로부터 받은 바 너희 가운데 계신 성령의 전인 줄을 알지 못하느냐 … 그런즉 너희 몸으로 하나님께 영광을 돌리라"(고전 6:18-20).

---

2 이성호, 《결혼한 자들에게 내가 명하노니》, 9장 음행의 사악함: "너희 몸은 성령의 전인 줄 알지 못하느냐?"(그책의사람들, 2020), pp. 172-192.

이 명령에서 가장 강조되는 단어는 '몸'이다. 몸은 성령이 거하시는 전이다. 이것은 신자에게 설명이 필요 없는 자명한 사실이다. 그래서 바울은 "이것도 모르느냐"며 고린도 교인들을 강하게 책망한다. 하나님께서 흙으로 사람을 만들고 그 코에 생기를 불어넣으셨다는 것을 기억한다면, 몸이 얼마나 고귀한지를 알 수 있다. 거듭난 자의 몸은 하나님으로부터 성령을 선물로 받았으며, 이를 위해 그리스도께서 당신의 보혈을 대가로 치르셨다. 그런데 이 몸으로 음행한다면 결국 자기 자신을 더럽히는 것이다. 음행하는 자들의 공통된 특징은 자신의 몸을 싸구려로 취급하면서 함부로 놀린다는 것이다. 그렇다면 우리는 어떻게 우리의 몸으로 하나님께 영광을 돌릴 수 있을까? 그것은 바로 성적 순결을 지키는 것이다.

교회 성장

결혼의 마지막 목적은 합법적인 인류의 증가와 경건한 씨를 통한 교회의 성장이다(웨스트민스터 신앙 고백서 24장 2절). 아마 오늘날 교회에서 이렇게 가르치면 일부 여성은 "우리가 아이 낳는 기계인가?"라고 항의할지도 모르겠다. 말라기 선지자는 "그에게는 영이 충만하였으나 오직 하나를 만들지 아니하셨느냐 어찌하여 하나만 만드셨느냐 이는 경건한 자손을 얻고자 하심이라"라고 선포한다(말 2:15). 왜 하나님은 돕는 배필을 하와 한 사람만 만드셨을까? 하와뿐 아니라 리브가나 라헬과 같은 믿음의 여인을 많이 만드는 것이 더 좋지 않았을까? 물론 그렇게 하면 자녀의 수는 더 많아질 수 있다. 그러나 불경건한 자의 수만 증가할 뿐이다.

성경의 가르침이 약해진 오늘날 혼인 밖에서 출생하는 이들이 점점 증가하고 있다. 심지어 유럽에서는 혼외자의 비중이 더 크다. 이러한 문화는 한국에도 점차 유입될 것이며, 신자의 결혼도 위협하게 될 것이다. 결혼하지 않는 문화가 증가하는 것과 동시에 결혼을 통하지 않고 자녀를 얻는 문화도 확산되고 있는 것이 오늘날의 현실이다. 결혼은 하나님의 일이 아니라 인간이 만든 사회적 제도일 뿐이라는 생각이 확산되는 한, 결혼의 고귀한 가치는 계속 상실될 것이다.

오늘날 성경적 결혼 교리는 심각한 도전을 받고 있다. 그러나 개인적인 경험에 비춰 볼 때, 적지 않은 신실한 청년들이 성경적 결혼에 대해 분명하게 배우기를 원하고 있으며, 그것을 배웠을 때 참으로 기뻐한다. 문제는 교회가 결혼에 대해 무관심하고 제대로 가르치지 않는다는 데 있다. 신자가 교회에서 결혼에 대해 제대로 배우지 못하고, 정말 행복한 가정을 이루어 경건한 자녀를 많이 양육하지 않는다면, 한 세대도 지나지 않아 한국 교회는 쇠망할 수밖에 없을 것이다.

출산,
복인가 짐인가

자녀: 결혼의 결과

하나님께서 제정하신 결혼은 자녀로 이어진다. 자녀는 결혼의 결과이자 목적이다. 너무나 당연한 말이지만 실제 삶에서 종종 무시되는 성경의 교훈이기도 하다. 자녀가 결혼의 결과라는 사실은 결혼을 이해하는 데, 특히 배우자를 선정하는 데 매우 중요하다. 결혼을 앞둔 믿음의 청년이라면 이 점을 깊이 생각해야 한다. 그렇지 않으면 배우자를 선정할 때 믿지 않는 청년들과 아무런 차이가 없을 수도 있다.

불신 청년들에게 배우자 선정 기준은 무엇일까? 상황에 따라 차이가 있겠지만, 거의 예외 없이 남자의 경제력과 여자의 외모가 우선적인 고려의 대상이 되는 것 같다. 바른 신앙을 가진 청년이라면 신앙생활을 가장 우선순위에 두겠지만, 이를 제외한다면 역시 경제력과 외모를 가장 중요시하는 듯하다. 더욱 통탄할 일은, 소위 신앙이 좋다는 장로나 권사라 할지라도 자녀를 결혼시킬 때에는 불신자보다 학벌이나 재산 같은 세속적인 요소들을 더 따지는 경우가 있다는 것이다. 결혼 전에는 경제력이나 외모 같은 요소들이 중요해 보일지 모르지만, 결혼하고 나면 그러한 요소들은 별로 중요하지 않다는 것을 이미 결혼한 이들은 다 알 것이다. 적어도 자녀가 태어난 이후에는 경제력이나 외모가 결혼 생활에 있어서 얼마나 의미 없는지 더 깊이 실감할 것이다. 결혼 이후의 자녀까지 생각한다면, 좋은 배우자는 학벌이 좋은 남자가 아니라 아이들과 잘 놀아주는 아버지이며, 외모가 아름다운 여자가 아니라 자녀를 잘 양육하는 어머니다. 결혼식을 올리는 순간부터 남편과 아내는 좋은 부모가 될 준비를 해야 한다.

따라서 결혼 이후 자녀까지 생각한다면 배우자를 선정할 때 정말 좋은 아버지가 될 수 있는지, 좋은 어머니가 될 수 있는지를 더 중요하게 살펴야 한다. 좋은 아버지는 적어도 가정 예배의 중요성을 인식하고 그것을 신실하게 인도할 수 있는 사람이고, 좋은 어머니는 말씀에 따라 자녀를 양육하는 사람이다. 교회는 이 점을 청년은 물론 나이 든 부모들에게도 부지런히 가르쳐야 할 뿐 아니라, 훌륭한 부모가 될 수 있도록 훈련시킬 필요가 있다. 그런 의미에서 주일학교의 중요성은 아무리 강조해도 지나치지 않을 것이다. 교회의 여러 교육 기관은 예비 부모를 훈련하는 아주 좋은 현장이다.

구원론적인 관점에서 본 출산

나는 미국에서 매우 보수적인 교회에서 신앙생활을 했다. 처음 그 교회에 참석했을 때 상당한 충격을 받았다. 그 교회는 부모와 자녀가 함께 예배를 드렸는데, 자녀 수가 보통 대여섯 명이 넘었다. 담임목사는 여덟 명의 딸과 한 명의 아들을 두고 있었다. 한번은 그 교단 신학교 교수의 집에 초대받았는데 그분 역시 열한 명의 자녀를 두고 있었다. 현재 그 부부는 90명이 넘는 손자와 증손자를 두고 있다. 더욱 놀라운 것은, 담임목사의 딸들 중 한 명은 결혼해서 자녀가 셋이나 있음에도 불구하고 동유럽 국가에서 지체 장애가 있는 아이를 둘이나 입양했다는 사실이다. 아마도 그 부부는 평생 그들을 곁에서 돌보며 살아야 할 것이다.

나는 그 교회의 낯선 출산 문화를 보면서, 과연 신앙이란 무엇인지를 진지하게 고민할 수밖에 없었다. 단지 교회 생활을 열심히 하는 것만이 좋은 신앙인가? 한국 사회의 경우, 신자들의 자녀 수와 불신자들의 자녀 수를 비교해 보면 과연 의미 있는 차이를 발견할 수 있을까? 나는 이 질문에 대해 부정적이다. 적어도 '자녀관'에 있어서 신앙이 한국 교회 신자들에게 별 영향을 미치지 못하고 있다는 것이 개인적인 판단이다. 물론 나는 모든 신자가 무조건 자녀를 많이 낳아야 한다고 주장하는 것은 아니다. 다만 신앙과 자녀 문제 사이의 관계를 보다 진지하게 고민해 보자는 것이다. 적어도 출산이 신앙과 결코 무관한 일이 아니라는 점은 저출산 시대를 살아가는 한국 교회가 깊이 새겨야 할 성경의 가르침이다.

성경은 출산이 복이라는 사실을 매우 분명하게 가르친다. 창세기 1장 28절이 그 사실을 강력하게 선포한다. "하나님이 그들에게 복을 주시며 하나님이 그들에게 이르시되 생육하고 번성하여 땅에 충만하라, 땅을 정복하라, 바다의 물고기와 하늘의 새와 땅에 움직이는 모든 생물을 다스리라 하시니라." 출산(번성)과 통치는 '최초의 부모'인 아담과 하와에게 주어진 핵심적인 복이었다. 세상을 다스리는 일은 아담과 하와 스스로만으로는 누릴 수 없었고, 자녀의 출산을 통해 점진적으로 얻을 수 있는 복이었다. 그들이 선악과 금령을 준수하는 한, 이 복은 계속 누릴 수 있었을 것이다.

하지만 아담이 하나님의 명령을 어기고 타락한 결과, 모든 인간은 전적으로 무능한 상태가 되었고, 창조 시에 누렸던 모든 복을 상실하게 되었다. 그런데 놀랍게도 출산과 통치의 복 자체는 상실되지 않았다. 이것은 타락한 인간을 향한 하나님의 놀라운 은혜다. 타락한 하와에 대한 하나님의 정의롭고 은혜로운 판결을 주목해 보자. "내가 네게 임신하는 고통을 크게 더하리니 네가 수고하고 자식을 낳을 것이며"(창 3:16). 선악과 금령을 어긴 하와에게 하나님은 임신과 출산에 있어서 큰 고통을 더하셨지만, 출산의 복 자체는 없애지 않으셨다. 그 결과, 타락 이후 인간은 기쁨이 아니라 고통을 통해서만 하나님의 복을 누릴 수 있게 되었다.

하와에 대한 하나님의 판결에서 또 하나 주목할 점은, 이 말씀이 원시 복음인 창세기 3장 15절 직후에 주어졌다는 사실이다. 이것은 하나님의 심판은 항상 복음을 수반한다는 사실을 보여 준다. 아담과 하와뿐 아니라 모든 택한 백성의 구원은 이 복음에 따라 '여자의 후손'을 통해 이루어질 것이다. 만약 타락한 하와가 출산을 거부했다면, 여자의 후손인 예수님은 이 세상에 오실 수 없었을 것이고, 인간의 구원 자체가 불가능했을 것이다.

바울 사도는 창조 기사에 근거해 영적인 아들 디모데에게 출산의 중요성을 다음과 같이 가르치고 있다. "그러나 여자들이 만일 정숙함으로써 믿음과 사랑과 거룩함에 거하면 그의 해산함으로 구원을 얻으리라"(딤전 2:15). 이 구절은 성경의 대표적인 난제 가운데 하나다. 여기서 이 구절을 자세히 주석하는 것은 적절하지 않지만, 분명한 것은 출산과 구원이 매우 밀접한 관계가 있다는 사실이다. 성경에 따르면 구원은 오직 믿음을 통해 이루어지는 것이 자명하지만, 출산을 어떻게 바라보는가가 참된 믿음을 가늠하는 지표가 될 수 있다는 점도 유념할 필요가 있다. 아이를 낳고 기르는 일은 고통스럽고 힘들다. 출산과 양육이 쉬웠던 시대는 역사에 있어서 한 번도 없었다. 그렇다면 그러한 이유로 출산을 거부해야 할까? 만약 그렇다면 하나님께서 택하신 앞으로 태어날 자들은 어떻게 구원받을 수 있겠는가?

출산이 단지 세상적인 축복 이상임은 그리스도의 사역을 통해서 가장 분명하게 알게 된다. 사도신경에 따르면 우리는 예수님을 누구라고 고백하는가? 신자들은 매주 예배 시간마다 '그의 유일하신 아들'을 우리의 주 예수 그리스도로 고백한다. 여기서 '아들'은 무엇을 의미하는가? 가장 본질적인 뜻은 '나신 자'라는 것이다. 그렇다. 성자는 영원 전에 성부에게서 나셨다. 그리고 그 성자는 시간 속에서 성령으로 잉태되셨고, 동정녀 마리아에게서 나셨다. 이 나심이 바로 성육신하신 성자의 첫 번째 구속 사역이다. 본성에 의한 영원한 나심과 성령에 의한 시간적 나심, 이 이중적 나심은 우리를 위한 구원의 토대이며, 신자의 출산도 이와 유사하게 구원론적인 관점에서 이해할 필요가 있다.

유아 세례의 중요성

출산은 유아 세례를 통해 그 의미가 더욱 분명하게 드러난다. 종교 개혁 당시 재세례파가 등장하기 전까지, 보편적으로 유아 세례는 성경의 분명한 가르침으로 받아들여졌다. '유아 세례'라는 단어가 성경에 명시적으로 등장하지 않기 때문에 유아 세례에 대한 도전은 이해할 만하다. 특히 기독교 국가에서 유아 세례가 교인과 시민의 구분을 사실상 제거해 교회의 거룩성을 심각하게 손상시켰다는 재세례파의 비판은 오늘날에도 경청할 필요가 있다. 그러나 재세례파는 세례를 하나님의 일이라기보다는 사람의 일로 이해했고, 그 결과 개인의 신앙을 우선시하는 주관주의에 빠질 수밖에 없었다.

유아 세례의 관점에서 볼 때 우리는 원죄의 중요성을 다시 한번 지적하지 않을 수 없다. 아담으로부터 받은 원죄로 인해 모든 아이는 죄 가운데 출생할 수밖에 없게 되었다. 엄밀히 말하면 우리는 아이의 탄생을 기뻐할 이유가 없다. 어떻게 보면 출산을 통해 죄인 한 명이 더 증가했기 때문이다. 이 난제를 해결하기 위해 로마 가톨릭 교회는 유아 세례가 아이를 원죄로부터 깨끗하게 한다고 가르쳤다. 종교 개혁은 이와 같은 비성경적인 가르침을 거부했지만, 원죄와 관련된 유아의 문제를 어떻게든 해결해야만 했다.

유아 세례와 관련해 여러 논쟁이 있지만, 핵심적인 질문은 이것이다. '원죄를 안고 태어난 신자의 자녀를 어떻게 보아야 하는가? 성인 세례를 받을 때까지 신자의 자녀는 어디에 소속되는가?' 만약 유아 세례를 인정하지 않으면, 그 아이는 불신자의 자녀와 다를 바가 없게 된다. 세례가 신자와 불신자를 구분하는 유일한 표지라면, 유아 세례를 받지 않은 아이는 교회 밖에 놓일 수밖에 없다. 그러나 신자의 자녀는 복음을 약속받은 언약의 자녀이며, 따라서 신자와 불신자를 구분하는 유일한 가시적 표지인 세례를 통해 불신자의 자녀와 구별되어야 한다(하이델베르크 교리문답 74문답).

언약은 신자의 자녀를 이해하는 핵심 교리다. 세례는 유아의 죄를 사하지는 않지만, 그 아이가 교회에 속했다는 것을 나타내는 중요한 표지다. 구약에서는 할례를 통해 이 사실을 표시했고, 신약에서는 세례가 그 역할을 대신하게 되었다. 세례는 그리스도의 교회의 회원이 되는 유일한 길이기 때문에, 세례 없이 언약의 자녀가 세상과 구별된다는 것을 나타낼 수 있는 방법은 존재하지 않는다. 사실 여기에 유아 세례를 거부하는 모든 교회의 난점이 있다. 세례식을 헌아식으로 대체하기도 하지만, 헌아식이야말로 성경적 근거가 전무한 인간이 만든 제도일 뿐이다.

형식적 유아 세례: 어떻게 극복할 것인가

유아 세례를 성경적 교리로 받아들였다고 해서 문제가 완전히 해결되는 것은 아니다. 재세례파가 충분히 지적했듯이, 유아 세례가 형식적으로 이루어질 때 교회의 거룩성은 심각하게 훼손될 수 있다. 재세례파는 유아 세례 자체를 거부함으로써 이 문제를 해결하려 했다. 그렇다면 유아 세례를 유지하면서도 교회의 거룩성을 확보할 수 있는 방법은 무엇인가? 개혁파 교회가 선택한 방법은 믿음의 자녀를 신앙으로 부지런히 교육하는 것이었다.[1] 모든 개혁교회가 신앙 고백서뿐 아니라 교리문답까지 신조로 작성한 이유가 여기에 있다.

안타깝게도 오늘날 한국 교회에서 유아 세례는 너무나 형식적으로 전락하고 말았다. 아이들은 유아 세례 자체를 기억하지 못하기 때문에, 형식적인 제도로 전락할 가능성이 늘 존재한다. 따라서 단순히 유아 세례가 시행되고 있다는 사실만으로 만족할 것이 아니라, 이 성례가 부실하게 시행될 때 교회 안에서 일어날 수 있는 위

---

1 자녀에 대한 신앙 교육에 대해서는 다음 저서를 참고하라. 이성호, 《결혼한 자들에게 내가 명하노니》, 3장 신명기 6장에 나타난 자녀 교육의 대헌장(그책의사람들, 2020), pp. 44-56.

험에 대해서도 유념할 필요가 있다. 이와 같은 위험을 방지하기 위해서는 목회자부터 유아 세례의 핵심적인 요소들을 잘 이해해야 할 뿐 아니라, 그것들이 교회 안에서 풍성하게 실천될 수 있도록 힘써야 할 것이다.

특히 부모의 역할이 매우 중요하다. 유아 세례가 형식적인 제도로 전락하는 가장 큰 이유는 부모에 대한 교육이 제대로 이루어지지 않고 있기 때문이다. 지금 부모들에게 유아 세례를 하는 이유를 설명해 보라고 하면 제대로 답할 수 있는 이들이 얼마나 될까? 나의 경험에 따르면 대부분은 "위에서 하라고 하니까 하는 것"이라고 대답했다. 목회자나 장로 역시 다른 교회에서 하니 관습적으로 시행하는 경우가 적지 않다. 이렇게 관습적으로만 시행된다면, 유아 세례는 하나의 교회 행사로 전락할 뿐이다.

유아 세례에 대한 장로들의 무관심은 더욱 심각하다. 함께 공부했던 동기 목사가 유아 세례를 시행하기에 앞서 부모의 신앙 고백을 확인하기 위해 당회를 소집했는데, 단 한 명의 장로도 참석하지 않았다고 한다. 그런데 그다음 주 2천만 원 규모의 교육관 리모델링을 결정하기 위해 당회를 소집했을 때는 전원이 참석했다고 한다. 장로들은 "유아 세례에 대해서 우리가 뭘 압니까? 그냥 목사님이 알아서 하세요"라고 변명했을 뿐이다. 치리회인 당회가 이사회로 전락하게 되자, 장로들은 천하보다 귀한 한 생명보다 죽은 건물을 어떻게 유지할 것인가에 더 많은 관심을 갖고 있는 것이 한국 교회의 일반적인 현실이다.

또한 한국 교회에서는 규모가 있는 경우 유아 세례를 보통 1년에 한 번, 한꺼번에 모아서 시행하는 경우가 많다. 주로 어린이 주일이나 성탄절 전후에 시행된다. 그러나 유아 세례를 제대로 시행하기 위해서는 세례가 필요할 때마다 하는 것이 바람직하다. 목사와 장로는 협력해서 세례 전에 개별적으로 부모 교육을 충분히 시행할 필요가 있다. 교육 기간 동안 부모는 믿음의 아버지와 어머니가 될 준비를 하게 될 것이며, 자신의 신앙을 진지하게 돌아보고 성숙시킬 계기를 얻게 될 것이다.

교회 쇠퇴의 시대가 도래하면서 유아 세례의 중요성이 현저히 증가하게 되었다. 과거와 달리 요즘은 불신 가정에서 교회에 출석하는 아이들이 급격히 줄어들었다. 대부분의 교회에서 주일학교는 절대다수가 신자의 자녀들로 구성되어 있다. 물론 불신 가정의 어린이들도 계속 전도해야겠지만, 이제는 신자의 자녀에게 올바른 신앙을 전수하는 일에 훨씬 더 많은 노력을 기울여야 할 것이다.

부모의 의무

유아 세례에 있어서 교육의 대상은 결국 부모다. 그렇다면 무엇을 가르쳐야 하는가? 이 점에서 유아 세례식에서 사용되는 서약문에 주의할 필요가 있다. 유아 세례가 형식적으로 이루어지는 또 하나의 이유는 바로 서약이 형식적으로 이루어지기 때문이다. 당연히 부모는 서약이 어떤 의미를 지니는지 그리고 그 서약에 포함된 내용이 무엇인지를 분명히 알아야 할 것이다. 아쉽게도 한국 사람들은 서양 사람들에 비해서 약속을 가볍게 생각하는 경향이 있는 것 같다. 그러므로 유아 세례를 제대로 시행하기 위해서는 서약의 엄중성을 회복할 필요가 있다.

서약은 최고의 재판장이신 하나님 앞에서 그리고 그 자리에 참석한 증인들 앞에서 자신이 한 약속을 지키겠다고 엄숙하게 선언하는 행위다. 그리고 그 약속이 지켜지지 않을 때, 하나님께서 서약자에 대해 심판해 주시기를 청하는 의미까지 포함된다. 서약은 오직 하나님의 이름으로 시행되는 것이기에, 제3계명("너는 네 하나님 여호와의 이름을 망령되게 부르지 말라")에 대한 의미를 정확하게 인식할 필요가 있다. 이 계명은 신자들이 일상에서 구체적으로 체험하기 어려운 경우가 많기 때문에, 세례 교육을 통해 강화될 필요가 있다.

서약 내용은 교회마다 약간의 차이가 있지만 크게 세 가지로 요약할 수 있다. 첫째는 세례 받을 아이에 대한 고백이다. 아이는 죄 가운데 출생해 심판받아 마땅하지만, 그리스도 안에서 거룩해졌기 때문에 교회의 회원이 되기 위해 세례 받아야 한다는 것을 확실하게 믿어야 한다. 둘째는 부모의 고백이다. 부모는 자신이 속한 교회에서 가르치는 성경의 가르침이 구원을 위한 완전하고 참된 교훈임을 고백해야 한다. 셋째는 부모의 약속이다. 부모는 아이를 주의 교양과 훈계로 양육하고, 인간의 본분을 아이에게 보이기를 힘쓰며, 아이를 위해 기도할 뿐 아니라 함께 기도할 것을 약속해야 한다. 유아 세례는 부모의 이 맹세와 서약에 기초해[2] 시행된다.

대부분의 부모는 유아 세례를 경험했음에도 이 서약의 내용을 제대로 알고 있지 못한 경우가 많다. 그 외의 신자들도 크게 다르지 않을 것이다. 그러다 보니 자녀를 신앙으로 잘 키우면 된다는 식으로 막연하게 생각한다. 우리는 서약 내용을 좀 더 구체적으로 살펴볼 필요가 있다. 세례를 받은 아이는 이제 그리스도의 몸인 교회의 지체가 되었기 때문에 주님의 훈계 안에서 가르침을 받아야 한다. 실제로 미국의 일부 보수적인 개혁교회의 신자들은 이러한 서약에 따라 자신들의 자녀를 비성경적인 가르침이 난무하는 공립학교에 보내지 않고 기독교 학교에서 교육을 받도록 한다. 물론 이를 위해 엄청나게 많은 재정적 부담을 감내한다.

한국 부모는 자녀를 주일학교에 보내는 것만으로 자신들의 의무를 다했다고 생각하는 경우가 많다. 자녀의 신앙 교육을 교회에 맡기는 것을 매우 당연하게 생각한다. 자녀가 성경에 대해 물으면 주일에 교회에 가서 목사나 교사에게 물어보라고 너무 쉽게 말한다. 그러나 유아 세례의 서약을 생각한다면 이것은 명백한 직무유기다. 물론 목사와 교사도 자녀의 신앙 교육에 책임을 지지만, 그들은 어디까지나 조력자일 뿐이다.

---

2 맹세와 서약에 대해서는 다음 저서를 참고하라. 이성호, 《비록에서 아멘까지》, 제22장 합법적 맹세와 서약(그책의사람들, 2022), pp. 439-450.

자녀를 주의 교양과 훈계로 가르쳐야 할 1차적 책임은 부모에게 있다. 유아 세례에 대한 정확한 인식이 없다 보니 부모가 자녀의 신앙 교육에 대한 책임을 교회에 전가하고 있다.

부모의 서약 중 주목해야 할 또 한 가지는, 자녀를 위해 기도할 뿐 아니라 자녀와 함께 기도하는 것이다. 한국 부모만큼 자녀를 위해 열심히 기도하는 부모도 없을 것이다. 이 부분은 크게 강조하지 않아도 될 것 같다. 그러나 아이들과 함께 기도하는 일은 대수롭지 않게 생각하는 것 같다. 자녀를 위한 가장 좋은 신앙 교육은 부모의 모범이다. 예배는 어린이들에게 책이나 교재로 가르칠 수 있는 것이 아니다. 자녀는 부모가 예배하는 모습을 보면서 자연스럽게 배우게 된다.

오랫동안 한국 교회에서 어른과 아이들의 예배는 분리되어 드려졌다. 그 결과 가정 예배를 드리고 싶어도 다 같이 부를 수 있는 찬송이 거의 없다. 교회는 부모와 자녀의 분리 문제를 어떻게 극복할 것인지를 고민해야 할 것이다. 다행히 최근에 세대 통합 예배가 점점 도입되고 있는데, 좀 더 진지한 신학적 성찰이 수반될 필요가 있다.

언약 백성(성도)의 기쁨

미국 교회에서 첫 딸을 낳고 유아 세례식에 참석한 적이 있다. 미국 교회의 유아 세례는 우리나라의 돌잔치에 비견할 만하다. 어린 딸을 위해 한 성도가 예쁜 드레스를 마련해 주었고, 친지들이 각지에서 모여 유아 세례를 함께 기뻐했다. 이것을 선명하게 기억하고 있었기에, 첫 외손자의 유아 세례식에 부모님을 모시고 다른 자녀와 함께 딸 내외가 출석하고 있는 부산의 한 교회에 모였다. 한 아기의 세례로 인해 4대가 함께 모여 말할 수 없는 구원의 기쁨을 누릴 수 있었다.

유아 세례는 한 아이를 교회의 지체로 받아들이는 일이다. 유아 세례로 인해 그 아이는 '우리' 모두의 아이가 된다. 언약 백성인 성도들이 함께 기뻐하지 않을 수 없을 것이다. 저출산 시대에 이 유아 세례의 기쁨을 성도들로 하여금 어떻게 풍성하게 누릴 수 있게 할 것인지를 다 함께 고민해야 할 때다.

자녀를 위한 가장 좋은 신앙 교육은
부모의 모범이다.
자녀는 부모가 예배하는 모습을 보면서
자연스럽게 배우게 된다.

유아 세례에서 입교까지,
자녀 신앙 교육

변화된 상황, 변화되지 않은 교회 교육

결혼은 출산으로, 출산은 교육으로 자연스럽게 이어진다. (유아) 세례를 통해 신자의 자녀는 약속받은 자녀로 교회의 회원이 되어 불신자의 자녀와 구별된다. 이렇게 구별된 자녀는 구별된 가르침, 곧 주의 교훈과 훈계로 양육되어야 한다(엡 6:4). 이 일의 1차적인 책임은 부모에게 있으며, 목사와 장로 그리고 교회 회원들도 각자의 의무를 다해야 한다. 자녀는 축복이지만, 이 자녀를 신앙으로 바르게 기르는 것은 결코 쉬운 일이 아니다.

오늘날 한국 교회는 자녀 교육에 있어서 큰 위기를 맞았다. 교회 교육의 중요성을 모르는 사람은 거의 없지만, 이를 위해 헌신하거나 대가를 치를 준비는 되어 있지 않다. 더 심각한 문제는, 교육 전문가들마저 탁상공론에 지나지 않는 대책을 제시한다는 것이다. 대표적인 예가 "교육 전문가를 양성해야 한다"는 주장이다. 한국 교회 역사상 지금처럼 교육학 박사 학위를 가진 인력이 많고 좋은 교재들이 제작된 적은 없다. 하지만 주일학교 상황은 이전보다 훨씬 더 열악해졌다. 이제는 작은 교회뿐 아니라 웬만한 중형 교회도 주일학교를 제대로 운영할 수 없을 정도로 교육 문제는 심각하다. 교회 교육의 근본적인 틀 자체를 바꾸지 않으면 이와 같은 상황은 바뀌지 않을 것이다.

예전과 달리 학생 수는 현저하게 줄어들었다. 자동차 문화의 발전, 스마트폰의 영향, 폐쇄된 아파트 문화 등으로 불신 가정 학생들에 대한 전도가 훨씬 어려워졌다. 교회마다 다르겠지만, 불신 가정에서 교회에 오는 학생들의 비중은 거의 없다고 봐야 할 것이다. 이제는 불신 가정 학생들에 대한 전도보다 신자의 자녀에 대한 신앙 교육이 더 큰 중요성을 가지게 되었다. 교회 지도자들은 이러한 변화를 충분히 인식하고, 변화에 맞는 교육 정책을 수립할 필요가 있다.

주일학교의 쇠퇴에 따라 교육 방식이나 초점도 바뀌어야 한다. 소위 '세미나식 교회 교육 포럼'도 지양될 필요가 있다. 이전에 여름마다 성황을 이루던 대중적 교사 강습회도 보다 심화된 소그룹 교육 모임으로 바뀔 필요가 있다. 교회 교육과 관련된 발표들을 보면 대형 교회에서나 할 수 있는 것이 대부분인데, 주일학교 자체가 존재하지 않는 교회가 60퍼센트 이상이라는 현실을 전혀 반영하지 못하고 있는 것이다.

부모와 자녀가 함께

이제는 한국 교회에서 100년 넘게 자리 잡아 온 주일학교를 계속 유지해야 하는가에 대한 근본적 고민이 필요하다. 주일학교가 없는 교회를 상상조차 하지 못하는 이들도 있겠지만, 어른과 분리된 주일학교, 좀 더 정확하게 말해서 주일학교 예배는 산업혁명 이후에 등장한 현대적 현상이다. 즉, 주일학교는 어떤 일이 있어도 무조건 사수해야 할 교회의 기관이 아니라는 것이다. 이제는 교회 역사를 통해 주일학교가 없었던 시대를 깊이 연구해야 한다.

전통적으로 어린이들은 부모와 함께 어른 예배에 참석했다. 성경 어디에서도 어린이들이 별도로 예배를 드려야 한다고 말하지 않는다. 오히려 주님은 당신에게 오는 어린이들을 막으려 했던 제자들에게 "어린아이들을 용납하고 내게 오는 것을 금하지 말라 천국이 이런 사람의 것이니라"라고 강하게 꾸짖으셨다(마 19:14). 어린이에게 맞는 예배가 따로 있고, 그게 더 효과가 있다는 주장은 성경적 근거가 없는 지극히 현대적인 사고방식이다.

부모는 세례식에서 자녀를 위해 기도할 뿐 아니라 자녀와 함께 기도하겠다고 서약했고, 그들을 주의 교훈과 훈계로 가르치겠다고 서약했다. 이 유아 세례의 서약은 모든 신앙 교육의 기초다. 하나님 앞에서의 서약은 매우 엄중한 행위이며, 어떤 일이 있어도 지켜야 한다. 만약 부모가 자녀의 신앙 교육을 교역자나 교사들에게 일방적으로 맡긴다면, 그것은 직무유기일 뿐 아니라 하나님의 이름을 망령되게 부르는 일이다.

유아 세례 서약을 진지하게 생각한다면, 부모는 자녀와 '함께' 가정에서 예배드리기를 힘쓸 뿐 아니라 교회에서도 자녀와 '함께' 예배를 드려야 할 것이다. 이 점에서 요즘 통합 예배가 활성화되고 있는 것은 고무적이라 할 수 있다. 그러나 통합 예배를 드린다고 하면서도 어린이와 어른이 따로 모여 있다면, 통합 예배의 의미는 크게 축소될 수밖에 없다. 진정한 통합 예배가 되려면 가정별로 부모와 자녀가 함께 예배드리는 것이 바람직하다. 부모와 함께할 수 없는 불신 가정의 자녀라면 교사나 교역자가 부모의 역할을 대신하면 된다.

어떻게?

신앙 교육은 일반 교육과 근본적으로 다르다. 수학이나 영어는 기본적으로 지성적 훈련이지만, 신앙 교육은 실천적 훈련이다. 자녀에게 예배를 가르친다고 가정해 보자. 어떻게 가르치는 것이 가장 좋을까? 예배를 잘 설명한 책을 사서 자녀에게 가르치는 것이 좋은 방법일까? 아니면 예배학을 전공한 박사를 초청해 특강을 여러 번 듣게 하는 것이 좋을까? 물론 그게 나쁘다고 할 수 없지만, 가장 좋은 방법은 모범이다. 자녀가 부모의 모범을 보고 따라 하면서 자연스럽게 올바른 예배를 배우는 것보다 더 효과적인 방법은 없을 것이다.

아쉽게도 오늘날 모범을 통한 신앙 교육이 대부분 사라졌다. 자녀는 더 이상 부모를 보고 예배를 배울 수 없다. 물론 어린이 예배도 예배라고 할 수 있지만, 공예배에 비해서 미흡한 점이 적지 않다. 가장 중요한 차이는, 어린이 예배에서는 하나님의 위엄을 거의 느끼지 못한다는 것이다. 어린이 예배만 예배의 전부라고 생각하면 이후에 자라서 어른 예배에 참석해 적응하기가 쉽지 않다. 심지어 청년도 어른과 같이 예배드리는 것을 부담스러워한다. 그러다 보니 큰 교회에서는 아예 다른 세대를 위한 여러 형식의 예배가 고착화되었다. 같은 예배 장소를 사용하지만, 내용에 있어서는 사실상 별도의 교회다.

신앙 교육에 있어서 모범이 얼마나 중요한지를 성경을 통해 한번 점검해 보자.

> "이스라엘아 들으라 우리 하나님 여호와는 오직 유일한 여호와이시니 너는 마음을 다하고 뜻을 다하고 힘을 다하여 네 하나님 여호와를 사랑하라 오늘 내가 네게 명하는 이 말씀을 너는 마음에 새기고 네 자녀에게 부지런히 가르치며 집에 앉았을 때에든지 길을 갈 때에든지 누워 있을 때에든지 일어날 때에든지 이 말씀을 강론할 것이며 너는 또 그것을 네 손목에 매어 기호를 삼으며 네 미간에 붙여 표로 삼고 또 네 집 문설주와 바깥 문에 기록할지니라"(신 6:4-9).

신명기 6장은 자녀 교육의 대헌장이라고 할 수 있다.[1] 주목할 것은, 자녀 교육이 '마음을 다하고, 뜻을 다하고, 힘을 다하여 하나님을 사랑하는 것'(크고 첫째 되는 계명: 마 22:37-38)과 밀접하게 연결되어 있다는 것이다. 아쉽게도 많은 신자가 이 점을 놓치고 있다. 도대체 마음을 다해 하나님을 구체적으로 어떻게 사랑해야 하는가? 너무 어렵게 생각할 필요가 없다. 자녀에게 율법의 말씀을 부지런히 가르치는 것이다. 즉 어떤 신자가 하나님을 얼마나 사랑하는지는 그가 얼마나 부지런하게 자녀를 교육하는지를 보면 알 수 있다.

신명기 6장에 따르면, 자녀를 교육하기 전에 반드시 알아야 할 사항이 있다. 그것은 바로 부모가 먼저 말씀을 자신의 마음에 새기는 것이다. "공부하라!"고 여러 번 잔소리하기보다 부모가 먼저 책상에 앉아 책을 읽는 모습을 보이는 것이 가장 좋은 교육 방법이듯, 성경을 가르치기 전에 부모가 먼저 그 말씀을 마음에 새기는 것이 최고의 신앙 교육이다. 마음에 새긴다는 것은 비유적 표현으로, 돌에 새기는 것보다 오래가도록 영원히 기억하라는 것을 의미한다. 구체적으로 부모가 예배 시간에 하나님의 말씀인 설교를 잘 경청해야 하고, 이를 자녀에게 잘 가르쳐야 한다. 또한 집에서 그 말씀을 스스로 잘 지켜서 자녀도 말씀에 복종하도록 해야 한다.

신명기 6장에서 우리는 반복 교육의 중요성을 강조하지 않을 수

---

1   이성호, 《결혼한 자들에게 내가 명하노니》, 3장 신명기 6장에 나타난 자녀 교육의 대헌장(그책의사람들, 2020), pp. 44-56.

없다. 일반적으로 부정적으로 인식되는 반복 교육은 일방적인 주입식 교육을 의미하지 않는다. 강압적 교육은 오히려 자녀에게 반발을 일으킬 수 있다. 하지만 신앙 교육은 소위 창의적인 교육 방법을 필요로 하지 않는다. 말씀을 마음에 먼저 새긴 부모가 기회가 있을 때마다 어린 자녀에게 가르치는 것이 중요하다. 신앙 교육은 습관이 되어야 하며, 이를 위해 부모는 성경을 자녀에게 읽어 주고 중요한 구절을 암송하도록 지도해야 한다.

언제까지?

자녀 교육은 부모에게 무거운 짐이다. 이 짐을 언제까지 져야 할까? 예를 들어, 부부는 결혼식에서 상대방이 죽을 때까지 부부의 하나 됨을 지키겠다고 서약한다. 자녀 교육도 자녀가 죽을 때까지 부모가 책임을 져야 하는가? 이 질문에 정확한 답이 없으면 자녀 교육에 대해 막연하게 생각하기 쉽다. 자녀 교육의 마지막을 다루는 이 질문은 결국 자녀 교육의 최종 목적과 깊은 관련이 있다. 자녀에게 신앙 교육을 부지런히 해야만 하는 궁극적 목적이 도대체 무엇일까?

우리는 창세기 2장 24절을 통해 자녀가 결혼을 통해서 완전히 독립한다는 것을 알 수 있다. 결혼을 하게 되면 더 이상 부모는 자녀를 양육할 의무가 없다. 따라서 부모는 어렸을 때부터 자녀가 독립하도록 양육해야 한다. 만약 자녀가 혼자서 밥을 먹을 수 있다면,

더 이상 부모는 밥을 떠먹일 필요가 없다. 신앙 교육도 마찬가지다. 혼자서 신앙생활을 할 수 있다면, 부모는 더 이상 자녀에게 신앙 교육을 의무적으로 할 필요가 없다.

양육의 관점에서 본다면 신앙 교육의 목표는 아주 분명하다. 그것은 바로 우리의 자녀가 스스로의 입으로 유일하고 참되신 삼위 하나님을 고백하도록 하는 것이다. 이를 한국 교회에서는 '입교'라고 한다. 자녀에 대한 신앙 교육은 유아 세례에서 시작해 입교에서 마친다. 아쉽게도 유아 세례가 부실하니 입교도 부실한 경우가 많다. 아마 대부분의 교회에서는 입교 교육이 매우 형식적으로 진행되고 있을 것이다. 입교에 관심이 없다는 것은 교회 교육의 목표가 분명하지 않다는 것을 의미한다. 그 결과 주일학교 교사들이 열심히 학생들을 가르치지만, 도대체 무엇을 위해 열심히 하는지는 전혀 모르는 경우가 많다.

입교: 공적 신앙 고백(The Public Comfession of Faith)[2]

입교에 대한 무관심은 용어에서 비롯된다. 도대체 입교란 무슨 뜻일까? 입교는 한자로 '入教'라고 한다. '入校'가 학교에 들어가는 것을 의미한다면 '入教'는 교회에 들어가는 것, 곧 교회의 회원이 되는 것이라고 할 수 있다. 문제는, 유아 세례 교인은 이미 교회의 회원

---

2 입교 교육에 대한 기본적인 지침에 대해서는 다음 저서를 참고하라. 조약돌, 《유아 세례 설명서: 유아 세례부터 입교까지 하나님의 자녀로 양육하기》(생명의양식, 2023).

이라는 사실이다. 따라서 입교가 교회의 회원이 되는 것을 의미한다면 그것은 말이 되지 않는다. 또한 교회의 회원이 되는 유일한 방법은 세례이기 때문에 입교는 세례를 대치할 수도 없다.

종교 개혁 이전 입교는 '견신례'(confir-mation) 혹은 '견진성사'라고 불렸다. 견신례는 일곱 성례 중 하나로 간주되어 세례나 성찬과 같은 지위에 있었다. 견신례는 수례자의 이마에 기름을 바르는 예식으로, 원칙상 주교에 의해서만 시행되었다. 로마 교회는 견신례에 대해 유아 세례 때 이미 주어진 은혜를 더 굳건하게 해 수례자가 세상에서 그리스도를 능력 있게 증거하게 하는 역할을 한다고 가르친다. 세례와 성찬만 성례로 받아들인 개신교회는 견신례를 성례에서 제외했다.

견신례가 성례는 아니지만, 그렇다고 해서 견신례를 거짓 성례라고 오해하지 말아야 한다. 개신교는 형식적인 견신례를 거부하고 오히려 유아 세례자에 대한 교리 교육을 훨씬 강화했다. 실제로 16-17세기에 유능하고 신실한 수많은 목사가 자녀 교육을 위해 개교회 실정에 맞는 교리문답서를 작성했다. 이들은 이러한 교리문답서를 자녀에게 부지런히 가르쳤고, 자녀는 성인이 되었을 때 공회 앞에서 자신의 신앙을 고백하고 수찬회원이 되었다. 견신례가 이와 같은 성격으로 완전히 바뀌었기 때문에 용어도 '공적 신앙 고백'으로 변경되었다. 이 표현이 한국인들에게 상당히 어색해서 입교라는 단어가 지금까지 사용되었지만, 이제는 검토할 때가 되었다. 이미 정착된 언어를 바꾸는 것이 불가능하다면, 적어도 그 정확한 의미에 대해서는 성도들에게 잘 가르칠 필요가 있다. 입교가 무슨 뜻인지도 모르고 입교식을 한다면 로마 교회보다 더 타락했다는 증거가 될 수도 있다.

공적 신앙 고백은 입교에 비해서 훨씬 분명한 의미를 제시한다. 이 예식은 유아 세례자가 때가 되어 삼위 하나님에 대한 자신의 신앙(정확하게는 부모와 동일한 신앙)을 스스로 온 회중 앞에서 고백하는 것이고, 이 예식을 통해 입교자는 주님의 성찬에 참여할 자격과 더불어 교인으로서 모든 회원권을 가지게 된다. 아쉽게도 오늘날 입교식은 별 의미를 지니지 못하는 것 같다. 그 이유는 무엇일까? 입교식 이후에도 크게 달라지는 것이 없거나, 있다고 하더라도 그 변화를 실제로 체험하지 못하기 때문이다.

제대로 된 입교식을 위해

공적 신앙 고백으로서의 입교식이 제대로 시행되려면 무엇보다도 고백의 중요성을 모든 성도가 인식해야 한다. 바울 사도는 로마서에서 신앙과 고백의 관계를 다음과 같이 분명하게 서술하고 있다. "사람이 마음으로 믿어 의에 이르고 입으로 시인[고백]하여 구원에 이르느니라"(롬 10:10).[3] 신앙은 내면적인 것이고, 고백은 내면의 신앙이

---

3 신앙과 고백의 관계에 대해서는 다음 저서를 참고하라. 이성호, 《비록에서 아멘까지》(그책의 사람들, 2022), pp. 27-28.

밖으로 표현된 것이어서 서로 구분되기는 하지만 실제에 있어서는 분리될 수 없다는 것이 바울의 가르침이다. 참된 신앙은 밖으로 표현되어야 하며, 표현되지 않는 신앙은 참된 신앙이라고 할 수 없다.

고백은 기본적으로 법적 혹은 언약적 의미를 가진다. 고백은 단지 사적인 감정의 표현이 아니다. 고백이 법적인 지위를 가지려면 공적으로 시행되어야 하며, 이를 위해 엄정하게 그 고백을 검증하는 기간이 있어야 한다. 로마 교회와 달리 개신교회에서는 주교 개인이 고백자의 신앙을 검증하지 않고, 개체 교회의 치리회인 당회가 그 역할을 한다. 교회 헌법에 따르면 당회의 의무 중 하나가 언약의 자녀를 신앙으로 양육하는 것이다. 물론 자녀 교육은 1차적으로 부모의 책임이지만, 당회도 중요한 역할을 한다. 이를 정확하게 이해한다면 어린 자녀를 둔 부모가 교회를 정할 때 목사의 설교뿐만 아니라 당회의 신앙 교육에 대해서도 확인할 필요가 있다.

공적 신앙 고백에서 그 내용은 삼위 하나님에 대한 신앙이다. 이 점에서 교리 교육의 중요성을 강조하지 않을 수 없다. 신앙 교육을 성경 교육으로만 이해해서는 안 된다. 그렇게 되면 신앙 교육이 성경 지식을 가르치는 교육으로 전락할 수 있다. 성경은 신앙 교육을 위한 도구이며, 이 도구로 교리를 가르쳐야 하나님에 대한 정확한 신앙을 고백할 수 있다. 신학 교수로서 나는 여러 곳에서 설교를 한다. 종종 "사도신경에 따르면 우리는 어떤 교회를 믿고 있나요?"라고 질문하면 의외로 답을 잘 못 한다. 수십 년 동안 매주 예배 시간에 "공교회를 믿는다"고 말했지만 답을 잘 못 한다는 것은, 내면적 신앙이 충분히 외면화되지 못했다는 뜻이다. 이를 극복하는 가장 좋은 검증된 방법은 교리문답 교육이다. 입교식을 잘 시행하려면 성경보다는 교리를 가르치는 것이 더 효과적이다.

공적 신앙 고백을 통해 고백자는 세례자에서 수찬자로 변경된다. 그렇다면 이제 고백자는 성찬의 의미를 미리 충분히 배워야 할 것이다. 성찬의 모든 것은 이해할 수 없더라도 성찬의 본질이 무엇인지, 떡과 잔이 무엇을 의미하는지, 거짓 성례를 어떻게 구별하는지 등에 대해서는 정확하게 인식할 수 있어야 할 것이다.[4] 이 점에서 입교식은 성찬식과 함께 시행되어야 한다. 입교를 한 목적이 성찬에 참여하는 것인데, 입교식 이후에 성찬이 없다면 입교한 자는 아무런 실질적인 유익을 얻을 수 없다. 세례식에는 물이라도 사용되지만, 입교식에는 서약만 있을 뿐이다(참고로 우리 교회는 입교자에게 서약 후 기도 시간에 안수를 한다). 입교자의 나이가 어리고 성찬이 1년에 두 번 정도 시행된다면, 입교자는 몇 년이 지난 후에라야 성찬에서 은혜를 누릴 수 있게 된다.

입교를 통해 수찬자는 또한 온전한 개체 교회의 교인이 된다. 교인으로서 모든 청원권을 가질 뿐 아니라 투표할 수 있는 권한도 가진다. 구체적으로 말하면, 연말에 있을 공동의회에 참석할 자격을

---

4 성찬에 대해서는 다음 저서를 참고하라. 이성호, 《성찬, 배부름과 기쁨의 식사》(좋은씨앗, 2023).

가진다. 아쉽게도 한국 교회는 나이 어린 입교자에게 공동의회에 참석하는 것을 장려하지 않는다. 참석하더라도 다루어지는 대부분의 의제가 본인과 관계없기 때문에 회원들이 무관심하다. 하지만 직분자 선거가 있으면 회원권은 매우 중요한 역할을 한다고 하지 않을 수 없다. 따라서 교회 정치를 올바로 시행하기 위해서는 입교한 자들에게 직분자 교육을 제대로 실시하는 것이 바람직하다. 도대체 직분이 무엇인지, 어떤 것이 있는지, 왜 투표를 하는지, 장로는 도대체 무슨 일을 하는 사람인지 등을 교육해야 한다.

언약 공동체의 일원으로 세우기

교회 교육에 있어서 한국 교회의 가장 큰 약점은 입교를 전혀 고려하지 않는다는 점이다. 입교에 대한 관심이 없으니 신앙 교육이 사적인 신자 교육에 머물고, 자녀를 언약 공동체의 일원으로 성장시켜야 한다는 생각이 사라져 버렸다. 큰딸의 입교식을 집례한 적이 있다. 딸은 자신이 직접 작성한 신앙 고백서를 모든 회중 앞에서 담대하게 낭독했다. 나는 딸의 머리 위에 안수하며 그녀가 서약한 대로 살아가기를 간절히 기도했다. 회원이 되었다는 것이 공포된 후, 딸은 가장 먼저 주님께서 주시는 떡과 잔을 받았다. 연말에 공동의회에 참석하여 투표권을 행사하는 것을 보면서, 나는 자녀 교육의 엄중한 의무에서 벗어난 기쁨을 누릴 수 있었다. 이제 그 딸은 결혼해, 돌이 지난 아들의 입교를 위해 긴 신앙 교육의 여정을 걸어가고 있다.

가정 예배 회복,
더 이상 미룰 수 없다

추억의 가정 예배

돌아보니 가정 예배에 대한 몇 가지 추억이 떠오른다. 아주 어렸을 때, 어머니는 홀로 어린 나와 남동생을 앉혀 놓고 가정 예배를 인도하셨다. 간혹 목사님이 심방을 오시면 비좁은 방에서 함께 예배드렸던 일도 기억이 난다. 이후에 부친이 목사가 되고 나서는 적어도 매 주일 아침, 모두가 함께 가정 예배를 드렸다. 잠이 늘 모자랐던 중고등학생 시절에는 가정 예배에 대해 종종 짜증을 낸 기억도 있다. 그러나 어려웠던 시절, 가정 예배는 우리 가정을 지켜 주는 든든한 버팀목 역할을 했다.

미국 유학을 하면서 네덜란드 개혁교회에 출석하게 되었다. 자연히 그들의 삶을 조금씩 알게 되었다. 그들에게 가정 예배는 그야말로 삶의 일부였다. 그 교회에 소속된 모든 가정은 (아침, 점심, 저녁) 식사를 마치고 나면 예외 없이 식탁에서 자연스럽게 성경을 한 장 읽고 기도한다. 성경을 읽고 기도하는 것은 특별한 일이 없으면 아버지가 인도하는데, 가정에서 아버지는 목사와 같은 역할을 한다. 이 모습을 보고 난 이후 나도 따라 하려고 많은 노력을 기울였지만, 완전한 습관으로 만드는 데에는 실패하고 말았다.

언젠가 한번 주일 예배를 마치고 그 교회의 한 성도로부터 저녁 식사에 초대를 받은 적이 있다. 식사를 마친 후, 늘 하듯이 아버지가 성경을 읽고 기도했다. 기도를 마치고 나서 그는 다섯 살 정도 된 딸에게 질문했다. "하나님은 우리에게 어떻게 말씀하시지?" 그 딸은 "preaching"(설교요)이라고 바로 답했다. 답을 듣고 나서 "그렇다면 우리는 하나님께 어떻게 말할 수 있을까?"라고 아버지가 질문했다. 그러자 역시 "prayer"(기도요)라는 답이 금방 그 아이의 입에서 나왔다. 이 장면은 지금까지도 나의 머릿속에 깊이 남아 있다. 간단한 질문 같지만, 사실 굉장히 수준 높은 신학적 질문이 아닐 수 없다. 솔직히 목사나 신학 교수도 쉽게 답하기 어려운 질문이다. 그 이후로 나는 자녀들에게 신앙 교육을 제대로 하기 위해 나름대로 최선을 다했다.

위기에 처한 가정 예배

신자의 삶은 크게 세 가지 영역으로 구분될 수 있다. 가정, 직장(학생의 경우 학교), 자신이 속한 동호회가 그것이다. 이는 불신자라고 해서 크게 다르지 않을 것이다. 나이가 어릴수록 가정의 영향력은 막대하다. 대부분의 아이는 어떤 가정에서 자라났는가에 따라 성격이 형성된다. 가정 예배를 제외하고 신자의 삶을 이야기하는 것은 이론적으로 불가능하다. 가정 예배를 드리지 않는 신자를 건강한 신자라고 할 수는 없을 것이다. 하지만 의외로 많은 신자가 가정 예배를 소홀히 여기는 것이 사실이다.

가정의 관점에서 신자의 삶과 불신자의 삶은 어떻게 다를까? 어떤 불신자가 신자의 집을 방문했다고 가정해 보자. 무엇인가 다른 점을 발견할 수 있을까? 성경 구절을 담은 액자가 거실 벽에 걸려 있다면, 그 집은 다른 집과 구별될 것이다. 식탁이나 책상 위에 성경책이 놓여 있거나 책장에 경건 서적이 많이 비치되어 있다면, 역시 불신자의 가정과 구별될 것이다. 출애굽했던 이스라엘 백성에게 하나님은 당신의 말씀을 "네 집 문설주와 바깥 문에 기록할지니라"라고 명령하셨다(신 6:9). 가정 예배야말로 집에서 신자와 불신자를 구분하는 거의 유일한 기준이다. 가정 예배가 없다면 겉으로 보았을 때 불신자나 마찬가지다.

10년간의 유학을 마치고 한국에서 삶을 시작했을 때, 한국의 생활은 미국과 너무나 달랐다. 가장 큰 차이점은, 삶이 너무나 바쁘다는 것이었다. 부모는 물론이고 자녀들도 바빴다. 모두 함께 앉아서 밥을 먹는 것조차 쉽지 않았다. 자연스럽게 가정 예배가 뒷전으로 밀려났다. 가정 예배를 해야 한다는 의무감은 있었지만, 실제로 시행하는 횟수는 현저하게 줄어들었다. 비록 가정 예배 자체는 간단하지만, 그것을 할 마음의 여력이 없거나 분위기가 조성되지 않으면 가정 예배는 생략되기 쉽다. 경험상, 가정 예배는 한 번 무너지면 이후에는 더 쉽게 무너진다.

맞벌이는 오늘날 한국 사회에서 보편적인 현상으로 자리 잡았다. 여성들은 스스로 일하기를 원하기도 하지만, 경제적인 이유로 어쩔 수 없이 일을 해야 하는 경우도 많다. 가정의 행복을 위해 열심히 일하지만, 정작 행복한 가정은 점점 멀어져 가기만 한다. 자녀들은 물론, 부부가 서로 차 한잔 여유 있게 마시며 대화할 시간도 없다. 이런 상황 속에서 가정 예배를 이야기하는 것은 마치 사치처럼 들릴 것이다.

비록 가정 예배를 드리기에는 매우 어려운 환경이지만, 가정 예배를 포기하는 것은 자녀들의 신앙 교육을 포기하는 것이나 마찬가지다. 자녀들의 학교 성적이나 사교육에는 엄청난 시간과 관심을 쏟는다는 점을 고려해 보면, 가정 예배를 못 하겠다는 것은 핑계에 지나지 않는다. 핵심은 부모가 가정 예배의 중요성을 얼마나 인식하느냐다. 부모들이 가정 예배를 쉽게 포기하는 가장 근본적인 이유는, 그것을 학교 공부만큼 중요하게 여기지 않기 때문이다. 오늘날 신자들에게 가정 예배는 우선순위에서 한참 밀려나 있다.

신앙 고백서 & 예배 지침

종교 개혁을 통해 개혁된 교리는 신자들의 삶, 당연히 가정 생활에도 많은 변화를 가져왔다. 특히 개신교는 로마 교회와 달리 가정 예배의 중요성을 인식하고, 이를 신앙 고백에 담았다. 장로교회의 웨스트민스터 신앙 고백서는 예배에 대해 다음과 같이 가르치고 있다.

> 지금과 같은 복음 시대에는 기도나 그 외의 다른 어떠한 예배 요소
> 가 특정 장소에서 시행되어야 하거나 그곳을 향하여 시행되어야
> 하는 것처럼 장소에 매이는 것이 아니며, 그렇게 드린 예배를 하나
> 님께서 더욱 용납하시는 것도 아니다. 신자는 어디에 있든지 영과
> 진리로 하나님을 예배해야 한다. 매일 각 가정에서 혹은 각자가 홀
> 로 은밀히 예배해야 하지만, 하나님께서 말씀과 섭리로 요구하실
> 때에는 공적인 모임 속에서 더욱 엄숙히 예배해야 하며, 경솔하게
> 나 고의로 이 모임을 등한시하거나 피해서는 안 된다(21장 6항).

예배에 관한 웨스트민스터 신앙 고백서의 지침은 매우 탁월하
다. 이 고백서는 어느 한쪽에 치우치지 않고 균형을 유지한다. 예
배의 방식이나 장소에 대한 가장 중요한 성경 구절은 예수님께서
사마리아 여인에게 하신 말씀일 것이다. 예배 장소에 대해 질문하
는 그 여인에게 주님은 "하나님은 영이시니 예배하는 자가 영과 진
리로 예배할지니라"(요 4:24)라고 말씀하셨다. 따라서 오늘날 복음 시
대에 예배 장소는 본질적으로 중요하지 않다. 이 교리에 근거해 로
마 교회의 성지순례의 개념은 개혁교회에서 완전히 제거되었다.

하나님은 영이시므로 신자는 매일 각 가정에서 혹은 혼자 은밀

히 예배할 수 있다. 그러나 그렇다고 해서 공적 예배의 중요성을 등한시해서는 안 된다. 신앙 고백서는 사적 예배와 공적 예배를 구분하며, 각각의 역할을 강조하고 있다. 무조건 공예배만 강조하는 것도, 반대로 가정 예배를 지나치게 강조하는 것도 적절하지 않다. 오늘날 장로교 목사들이 지나치게 교회당 중심적 예배관을 가지는데, 이것은 적어도 그들의 신앙 고백에 따르면 합당하지 않다.

코로나는 가정 예배가 얼마나 중요한지를 우리에게 잘 가르쳐 주었다. 거리 두기가 한창 시행되면서 예배가 극도로 제한되었을 때, 생소한 온라인 예배가 소개되었다. 온라인에 대한 거부감이 있었던 우리 교회는 예배당에 오지 못하는 성도들에게 온라인 예배보다는 될 수 있는 대로 가정에서 예배하도록 지도했다. 평소에 훈련이 잘되어 있다고 생각했지만, 의외로 가정 예배나 혼자 예배하는 것을 힘들어 하는 성도가 많았다. 물론 교회에서 가정 예배를 위해 여러 자료를 제공했지만, 그것만으로는 충분하지 않았다. 코로나 기간 동안 상당수 교회의 성도 수가 감소했는데, 이는 성도들의 신앙이 그만큼 튼튼하지 않다는 증거다. 앞으로도 코로나와 유사한 전염병이 유행하지 않으리라는 보장은 없다. 평소에 가정 예배를 통해 성도들의 자생력을 기르지 않는다면, 다음에 유사한 일이 발생했을 때 똑같은 쇠퇴를 경험할 수밖에 없다.

신앙 고백서 21장을 작성한 웨스트민스터 총회는, 자신들의 고백이 구체적인 삶을 통해서 실천되도록 하기 위해 《공예배 지침》

(*The Directory for the Public Worship*)을 작성했다. 스코틀랜드 장로교회는 《공예배 지침》만으로는 부족하다고 판단해, 아주 간단한 《가정 예배 지침》(*The Directory for the Family Worship*)도 작성하고 인준했다(1647년). 따라서 《가정 예배 지침》은 《공예배 지침》과 달리 순전히 스코틀랜드 장로교회의 산물이라고 할 수 있다. 이는 스코틀랜드 장로교회가 가정 예배를 얼마나 중요하게 생각했는지를 잘 보여 준다.

《가정 예배 지침》에 대해 한 가지를 언급하면, 이 지침은 가정 예배를 감독해야 할 책임이 목사와 장로, 즉 당회원에게 있다고 규정한다. 당회는 평소에 정기적으로 성도들을 심방해야 하며, 심방할 때 가정 예배에 대해 가장들에게 강하게 권면해야 한다. 그들이 가정 예배를 소홀히 하면, 당회는 가장에게 견책을 비롯한 엄한 권징을 시행해야 한다. 따라서 이와 같은 권징을 제대로 시행하기 위해서는 장로들 스스로가 가정 예배를 실천해야 하고, 교인들은 가정 예배에 모범이 되는 사람을 장로로 세워야 할 것이다.

비법은 없다

아무리 가정 예배가 소중하다는 것을 안다고 해도, 그것을 실제로 하는 것에는 의외로 많은 이가 부담을 느끼는 것을 보게 된다. 가장 큰 이유는, 어려서부터 가정 예배를 드리는 모습을 보지 못했기 때문이다. 실제로 가정 예배를 드려 본 적이 없으니, 아무리 간단한 예배라 하더라도 시도하기를 부담스러워한다. 가정 예배에 대한 여러 자료를 제공하면 조금 나아지기는 하지만, '이렇게 해도 되는 가?'라는 생각이 들면 자신감을 잃어버릴 수 있다. 참고로 네덜란드 개혁교회의 가정 예배는 식사를 마치고 성경 한 장을 읽고 기도하는 것이 전부다.

따라서 가정 예배를 격려하는 좋은 방법은 그것을 실제로 보여 주는 것이다. 목사나 장로가 자신의 가정 예배를 녹화해서 성도들에게 보여 줄 수 있을 것이다. 주일에 교회당에서 정기적으로 가정별로 가정 예배를 드리게 하는 것도 좋은 방법이다. 요즘에는 온라인으로 두세 가정이 연합해서 가정 예배를 드리는 것도 시도할 수 있다. 가정 예배가 안정적으로 정착할 때까지 서로에게 힘이 될 수 있을 것이다. 가정 예배의 방식에 대한 여러 책이 시중에 나와 있지만, 책을 많이 읽는 것보다 가정 예배를 한 번이라도 실제로 드리는 것이 훨씬 유익하다. 간단히 말해, 가정 예배를 위한 비법은 존재하지 않는다.

교회 안 가정 예배의 정착, 담임목사의 의지에 달려

가정 예배가 교회 안에 정착하기 위해 가장 필요한 것은 담임목사의 의지다. 담임목사가 가정 예배의 중요성을 절감하지 않으면, 성도들이 가정에서 가정 예배를 정착시키는 것은 사실상 불가능하다. 담임목사를 청빙할 때 제직들은 후보자가 가정 예배의 중요성을 얼마나 인식하고 있으며, 구체적으로 어떻게 실천하고 있는지를 점검할 필요가 있다. 가정을 잘 다스리는 것은 목사의 중요한 자질 중 하나다(딤전 3:5). 가정 예배에 충실하지 않은 목사가 어떻게 가정을 잘 다스린다고 할 수 있겠는가?

성도들에게 정기적으로 가정 예배를 강조할 필요도 있다. 가정 예배를 잘 드리다가 어느 순간 중단한 신자들이 의외로 많을 것이다. 그들이 스스로 가정 예배를 회복할 수 있다면 가장 좋겠지만, 그렇게 쉬운 일은 아니다. 그렇다고 해서 너무 자주 강조하면 잔소리로 느껴질 수 있다. 따라서 적절한 기회를 제공해 가정 예배를 다시 시작할 수 있도록 성도들을 도와야 한다. 예를 들어, 새해를 시작하며 담임목사가 가정 예배를 강력히 권면할 수 있을 것이다. 5월 가정의 달 역시 가정 예배를 한 번 더 강조하기에 좋은 시기다. 유아 세례나 입교식도 가정 예배를 권면하기에 좋은 기회다. 무엇보다 결혼식을 앞둔 예비 신랑·신부에게 목사는 가정 예배의 중요성을 집중적으로 가르쳐야 할 것이다.

집에 가정 예배를 기억나게 하는 소품들을 비치하는 것도 좋은 방법이다. 심방이나 가정 예배를 위한 미니 좌식 식탁을 거실에 비치하면 늘 가정 예배를 기억할 수 있을 것이다. 또한 식탁에 성경이나 찬송을 두면 언제든 편리하게 가정 예배를 드릴 수 있을 것이다. 요즘에는 식탁이 일반적이므로, 식탁 위에 가정 예배를 위한 독서대를 성경과 함께 두는 것을 추천한다. 교회가 이런 소품을 직접 제작해 결혼이나 출산을 앞둔 성도들에게 선물로 제공할 수도 있을 것이다. 중요한 것은, 집 안에 가정 예배를 연상하게 하는 물품들이 있어야 한다는 점이다.

가장은 가정 예배의 책임자

가정 예배의 최종 책임은 가장에게 있음을 강조할 필요가 있다. 한 가정의 가장은 일반적으로 아버지다. 이 점에 대해 독자들의 의견이 다를 수 있겠지만, 하나님은 남편을 아내의 머리로 세우셨다는 점을 강조하고 싶다(엡 5:22-23). 이것을 가정 예배에 적용하면, 남편이자 아버지가 가정 예배를 책임지고 인도하는 것이 자연스럽다. 남편과 아내가 번갈아 가며 가정 예배를 인도하는 것이 절대적으로 틀렸다고는 할 수 없지만, 그렇게 되면 결국 가정 예배를 인도하는 책임이 분산되어 가정 예배가 약화되기 쉽다.

또한 오늘날 자녀들에 대한 아버지의 권위가 점차 약해지는 경향이 있는데, 가정 예배를 통해 그 권위를 회복하는 것이 가장 좋은 방법이다. 자녀들은 아버지를 통해 하나님의 말씀을 듣고, 아버지를 통해 하나님께서 주시는 복을 누릴 수 있다.

성경 한 장을 읽고 간단히 기도하는 것만으로도 충분한 가정 예배가 될 수 있지만, 좀 더 풍성한 가정 예배를 위해서는 시중에 나와 있는 교재를 활용하는 것이 유익하다. 사람마다 상황이 다르기 때문에 특별히 탁월한 교재는 존재하지 않는다. 본인이 출석하는 교회에서 정한 교재를 사용하는 것이 무난할 것이다.

가정 예배에서 찬송을 부르기 원한다면 생각해야 할 문제가 하나 있다. 오늘날 세대 간의 찬송 단절은 생각보다 심각하다. 부모는 자녀의 찬송을, 자녀는 부모의 찬송을 잘 알지 못하는 경우가 많기 때문이다. 이 문제를 극복하지 못하면 즐거운 가정 예배는 거의 불가능하다. 따라서 가정 예배를 회복하기 위해서는 아주 어릴 때부터 자녀에게 찬송을 가르쳐야 한다. 자녀가 어리다면, 매일 새로운 찬송을 부르기보다 한 곡을 정해 일주일 동안 부르는 것을 추천한다. 실제로 가정 예배를 인도하다 보면 찬송을 선곡하는 데도 시간이 걸리므로, 지난 주일 예배 시간에 불렸던 찬송을 일주일 동안 부르는 것도 하나의 방법이다. 요즘 유행하는 복음성가 중에는 가정 예배에서 사용하기에 적합하지 않은 것들이 적지 않다.

　가정 예배를 드리기로 결단했다면, 처음으로 고려해야 하는 것은 고정적인 시간을 확보하는 것이다. 한국 사회에서는 이것이 정말 어렵다. 가정 예배를 위한 가장 좋은 시간은 저녁 식사를 마치고 나서다. 하지만 오늘날 저녁 식사를 온 식구가 같이할 수 있는 가정이 얼마나 되겠는가? 저녁 시간이 어렵다면, 자녀들이 잠자리에 들기 직전이 좋은 시간이다. 만약 이 모든 것이 어렵다면, 적어도 주말에 시간을 정해 가정 예배를 드리도록 한다. 중요한 것은, 정해진 시간에 정기적으로 실시하는 것이다. 가정 예배는 그 가정의 주인이 하나님이라는 것을 가시적으로 드러내는 증표다.

가정 중심으로 변화를 시도해야 할 때

한국 교회에서 가정 예배가 회복되기 위해서는 교회 문화 자체가 가정 중심으로 변모되어야 할 필요가 있다. 예를 들어, 새벽 기도와 가정 예배를 비교해 보면 일반적으로 목회의 중심이 새벽 기도에 있다는 사실을 부인하지 못할 것이다. 목사들은 매일 새벽 기도회를 인도하면서도 정작 가정 예배는 제대로 하지 못하는 경우가 많다. 새벽 기도를 하는 성도들도 집에서 가족과 함께 가정 예배를 드리지 않는 경우가 많다. 현재 한국 교회의 성도들은 교회당에 나와야만, 목사의 인도가 있어야만 신앙생활을 제대로 할 수 있는 상태에 있는 것이다. 이와 같은 미자립 상태의 신앙은 하루속히 극복될 필요가 있다.

오늘날 전 세대를 아우르는 통합 예배에 대한 관심이 증가하는 것은 바람직한 현상이다. 이와 더불어 가정 예배가 강조된다면 더욱 큰 효과를 거둘 수 있을 것이다. 주일 저녁에 자녀와 함께 가정 예배를 드리면, 부모는 자녀들이 주일 설교를 잘 이해했는지 확인할 수 있으며, 자녀들이 주일 예배를 잘 드리도록 미리 지도할 수 있을 것이다. 또한 예배 시간에 불렀던 찬송을 가정 예배에서 한 번 더 함께 부르면 찬송의 기쁨이 더 오래 지속될 수 있을 것이다.

이제 부모의 권위가 회복되어야 할 필요가 있다. 자녀의 일반 교육을 학교에 맡기듯이 신자인 부모들이 자녀의 신앙 교육을 교역자들에게 맡기는 경향이 있는데, 이는 바람직하지 않다. 자녀가 성경이나 교리에 관한 질문을 던지면 귀찮아하면서 주일에 교회에 가서 목사님께 물어보라고 하는 경우가 적지 않다. 부모의 이런 태도는 자녀들의 신앙 교육뿐 아니라 부모 자신의 신앙을 위해서도 좋지 않다. 자녀가 제기하는 질문은 특별한 예외가 없다면 대부분 부모도 알아야 하는 내용이다. 그렇다면 주일에 목사님께 물어보라고 하기보다, 부모가 먼저 교사나 목사에게 직접 물어 답을 듣고 완전히 이해한 다음 자녀들에게 가르쳐 주는 것이 바람직하다. 자녀의 신앙 교육에서 부모는 1차 책임자이며, 교역자는 2차 책임자이기 때문이다. 그렇다면 교역자는 부모를 돕는 역할에 충실해야 한다.

열왕기상 16장 34절에는 벧엘 사람 히엘이 등장한다. 그는 여호수아가 저주로 맹세하면서 금지했던 여리고성을 재건하면서, 성의 기초를 세울 때(기공식) 맏아들이 죽고, 성문을 세울 때(준공식) 막내아들이 죽었다. 성을 튼튼하게 세우는 이유가 무엇인가? 자기 가족의 안녕과 평화를 위해서다. 그러나 성을 튼튼하게 세워도 정작 그 안에서 살아가야 할 자녀가 모두 죽어 버린다면, 그 성이 무슨 의미가 있겠는가?

오늘날 수많은 부모가 자녀를 위해 힘들게 고생하고 있다. 하지만 자녀들이 신앙을 떠난다면 그 많은 노력이 무슨 의미가 있겠는가?

교회의 생존은 가정 예배의 회복에 달렸다

이제 근본적인 질문을 던져야 한다. 과연 신자의 가정은 누가 지키는가? 하나님께서 지키신다는 것을 입으로 고백한다면, 가정 예배를 통해 그것을 증명해야 한다. 시편 기자는 "여호와께서 집을 세우지 아니하시면 세우는 자의 수고가 헛되며"(시 127:1)라고 노래한다.

실제로 한국 사회의 많은 가정이 무너지고 있다. 우리의 자녀들이 교회를 떠나고 있다. 교회의 회복은 가정 예배의 회복에서 시작될 수밖에 없다. 가정 예배를 드리지 못하는 여러 이유가 있다. 인간이 스스로 집을 세우려 하는 한, 그 이유들은 계속 남아 있을 것이다. 따라서 가정 예배의 회복은 교회의 생존을 위해서도 더 이상 미룰 수 없는 지상 과제다.

자녀의 일반 교육을 학교에 맡기듯이
자녀의 신앙 교육을 교역자들에게 맡기는 것은
바람직하지 않다. 자녀의 신앙 교육에서
부모는 1차 책임자이며,
교역자는 2차 책임자이기 때문이다.

주일 성수, 안식이 상실된 시대를 향한 복음

교파마다 약간씩 차이가 있겠지만, 청교도적인 영성을 전수받은 초기의 한국 교회 성도들은 매우 엄격하게 주일을 지켰다. 새벽 기도를 포함해 주일에 보통 2-3번씩 기본적으로 공예배를 드렸고, 주일에 일을 한다든지 무엇인가 사 먹는다든지 공부하는 것을 상당히 불경스럽게 생각했다. 잘 알려지지 않았지만, 원래 계획된 만세 운동의 날짜가 주일이어서 3월 1일로 변경되었으며, 해방 이후 공산화된 이북에서 한국 교회는 주일에 실시되는 선거에 강력하게 저항했다.

시간이 흘러 오늘날 주일 성수 개념은 매우 흐려졌다. 1980년대 부산에서 중고생 시절을 보낸 나는 서울에 왔을 때 상당수의 신자가 주일에 대수롭지 않게 식당을 이용하는 것을 보고 충격을 받은 기억이 있다. 미국 유학 시절에는 목사조차 아무렇지 않게 마트에서 장을 보기도 했다. 20년 가까이 지난 지금, 주일 성수는 주일 출석 정도의 의미로 격하되고 말았다. 강단에서 주일 성수에 대한 강조도 거의 사라지고 말았다.

율법주의?

나의 경험으로 주일 성수를 강조할 때 황당하게도 율법주의라는 딱지가 따라붙는 것을 보게 된다. 율법주의를 어떻게 규정하는가에 따라 다르겠지만, 주일을 거룩하게 지키는 것은 십계명의 네 번째 계명이 명하는 것이다. 안식교와 달리 주일을 안식일로 본다면, 주일 성수는 제4계명 그 자체다. 따라서 제4계명을 잘 지켜야 한다는 말이 율법주의일 수는 없다. "네 부모를 공경하라"(제5계명)와 같이 "안식일을 지켜 거룩하게 하라"도 십계명의 한 부분이다. 주일 성수를 십계명의 한 부분으로 이해한다면, 주일 성수 자체가 문제가 아니라, 주일 성수를 어떻게 할까를 논의해야 할 것이다.

주일 성수를 안식년이나 희년 같은 구약의 절기처럼 생각하는 이가 적지 않다. 구약의 모든 절기는 그리스도 안에서 성취되었고, 따라서 더 이상 신약의 성도들은 그 절기를 지킬 필요가 없다. 하지만 주일 성수는 구약에 속한 계명이면서도 십계명의 한 부분으로 도덕법적인 성격 또한 지니고 있다. 이 점에서 안식일은 다른 절기와 구분된다. 물론 안식일의 구약적 요소는 제거되어야 하지만(그래서 구약의 안식일이 그리스도의 부활 이후 주일[일요일]로 바뀌었음), 안식일의 도덕법적인 요소는 그대로 유지되어야 하며, 오히려 강화되어야 한다. 이 둘은 조심스럽게 구분될 필요가 있으며, 이를 놓치면 제4계명을 유대인과 같이 생각하든지, 아예 주일의 거룩함을 무시하는 세속주의자가 된다.

주일을 잘 지키자는 주장은 율법주의가 될 수 없다. 이를 통해 자신의 의를 드러낸다든지, 구원에 무엇인가 보탬이 된다고 생각하는 것이 율법주의다. 예전과 달리 제4계명에 대한 무관심이 보편화된 오늘날에는 오히려 주일 성수를 강조할 필요가 있고, 이를 위해서는 제4계명을 성도들에게 보다 정확하게 설명할 필요가 있다. 이전에는 지나치게 주일 성수를 강조해 성도들이 율법주의에 빠졌다면, 요즘에는 주일 성수 자체를 언급하지 않다 보니 많은 성도, 특별히 젊은 청년들이 방종주의에 빠져 있다. 율법주의도 배격해야 하지만, 자유라는 이름의 방종주의도 교회를 세속화시키는 무서운 독임을 놓쳐서는 안 된다.

주의 날: 시간의 주인이신 하나님

십계명은 크게 하나님에 대한 경외와 인간에 대한 사랑으로 나눌 수 있다. 그중 첫 번째 부분인 제1계명부터 제4계명은 하나님께 드리는 예배와 관련되어 있다. 제1계명은 예배의 대상, 제2계명은 예배의 방식, 제3계명은 예배의 태도, 제4계명은 예배의 시간을 다룬다. 제4계명에서 가장 중요한 교훈은 예배의 시간을 하나님께서 정하셨다는 점이다. 이는 시간의 주인이 하나님이심을 알려 준다. 세상에서 일요일이라 불리는 주일의 정확한 표현은 주님의 날 (the Lord's Day)이다. 이는 일요일만 주님의 날이라는 뜻이 아니라, 모든 날이 주님의 날이지만 특별히 주일을 주님의 날로 삼고 받아들여야 한다는 의미다. 주일 성수를 거부하는 것은 결국 시간의 영역에서 하나님을 향한 인간의 독립 선언일 뿐이다.

우리는 창세기 1장에서 일주일이 인간이 고안한 것이 아니라 하나님께서 제정하신 것임을 보게 된다. 하나님은 이 세상을 6일 동안 창조하셨다. 특히 넷째 날에는 해와 달과 별을 창조함으로 날과 절기를 주관하게 하셨다. 지구의 공전을 통해 1년이, 달의 공전을 통해 한 달이, 지구의 자전을 통해 하루가 정해진다. 전능하신 하나님은 마음만 먹으면 한순간에 모든 것을 창조하실 수도 있었을 것이다. 그렇다면 오늘날과 같은 날과 달과 연이라는 개념은 존재하지 않았을지도 모른다.

요일제(7일제) 역시 우리는 성경을 통해 그 기원이 하나님께 있음을 알 수 있다. 만약 하나님께서 6일 동안 일하고 일곱째 날에 안식하지 않으셨다면 요일 개념은 존재하지 않았을 것이고, 요일의 단위도 나라마다 달랐을지 모른다. 실제로 이성이 최고의 자리를 차지했던 프랑스 혁명 기간에는 7일제 대신 10일제를 시행하기도 했다. 그러나 이성주의자들의 과감한 시도에도 불구하고 10일제는 오랫동안 유지될 수 없었다. 7일제는 일종의 자연법에 속한다고 보는 것이 자연스럽다.

시간의 주인이신 하나님은 이미 주일을 거룩하게 하셨다. 이것은 주일 성수를 이해하는 데 있어 매우 중요하다. 인간이 주일을 거룩하게 여기기 전에 하나님께서 먼저 주일을 거룩하게 하셨음을 기억해야 한다. 신자는 주일 성수를 통해 더럽혀진 안식일을 더 거룩하게 하는 것이 아니라, 하나님께서 이미 거룩하게 하신 날을 거룩하게 유지하는 것이다. 이를 기억한다면, 주일 성수는 짐이라기보다 하나님의 선물이라 할 수 있다.

기억과 구별 & 거룩

제4계명은 "안식일을 기억하여 그날을 거룩하게 하라"다. 의외로 강조되지 않는데, 주일 성수의 가장 기본적인 인간의 의무는 '기억'이다. 아무리 주일을 열심히 지켰다고 자부하더라도 기억이 빠진다면 그것은 제대로 된 주일 성수라 할 수 없다. 주일을 기억한다는 것은 단지 날짜 자체를 기억한다는 것을 의미하지 않는다. 주일을 통해 우리는 '그날' 하나님께서 하신 일을 기억하는 것이다.

우리는 출애굽기 20장과 신명기 5장에 기록된 십계명 중 유일하게 제4계명에 관한 진술만 서로 다르다는 것을 알고 있다. 출애굽기 20장은 안식일을 지켜야 하는 이유를 하나님의 창조로 설명하지만, 신명기 5장은 그 이유를 하나님의 구원으로 설명하고 있다. 왜 이 둘이 서로 다른지 정확하게 알 수 없지만, 하나님이 우리의 창조자이고 구원자이심을 기억하도록 하기 위해 안식일이 제정되었다는 것은 분명하다.

기억은 단지 기억으로 끝나지 않고 삶으로 이어져야 한다는 것이 제4계명의 가르침이다. 여기서 우리는 구원 역사(교리)와 윤리(삶)

가 얼마나 밀접하게 연결되는지를 보게 된다. 어떤 신자가 하나님께서 자신의 창조주임을 정말로 믿는다고 가정해 보자. 창조주 하나님을 믿는다는 것은 단지 하나님께서 우리를 만드셨다는 것을 믿는 것만이 아니라, '어떻게' 만드셨는지까지 믿는 것을 의미한다. 이 구체적인 '어떻게'를 모른다면 그 믿음은 막연할 뿐이다. 참된 신자는 하나님께서 6일 동안 창조 사역을 하고 7일째 쉬셨다는 것을 믿을 것이다. 그렇다면 그 신자는 어떻게 살아야 할까? 인간이 하나님의 형상으로 창조되었다는 것을 믿는다면, 우리 역시 하나님을 본받아 6일 동안은 일하고 하루는 안식해야 한다. 만약 창조주 하나님을 믿는데 주일 성수를 거부한다면, 그것은 제대로 된 믿음이라 할 수 없다. 이는 구속주 하나님에 대한 믿음에도 동일하게 적용된다.

주일 성수에서 또 하나 중요한 개념은 '구별'이다. 소득의 10분의 1이 주님의 것이듯, 시간의 7분의 1도 주님의 것으로 구별해야 한다. 세상 사람 눈에는 오늘과 내일에 별 차이가 없다. 신자들도 "만물이 처음 창조될 때와 같이 그냥 있다"고 생각하기 쉽다(벤후 3:4). 물리적인 관점에서 보면 시대와 상황, 심지어 산천도 변하지만, 날 그 자체는 항상 동일한 것처럼 보인다. 그래서 이 세상의 마지막 날이 있다는 생각을 하기 어렵다. 그러나 주일이라는 개념은 우리로 하여금 모든 날이 같지 않으며, 세상의 마지막이 있음을 가르쳐 준다.

신자와 비신자는 같은 공간 속에서 살아간다. 그러나 신자들은 세상에 속하지 않고 살아가는 존재다. 이 구별은 신자들의 주일 성수를 통해 가시적으로 드러난다. 만약 주일 성수가 없다면, 삶에서 신자와 비신자의 실제적인 구별은 거의 불가능하다. 단지 선한 일을 많이 한다고 해서 신자와 비신자가 구별되는 것이 아니다. 만약 주일에 입으로 신앙을 고백하는 사람이 불신자와 함께 등산을 간다면, 그때 어떻게 그 사람을 신자로 구별할 수 있겠는가? 주일 성수는 신자들이 자신의 거룩함을 드러내는 방식이다.

분주로 변한 안식

하나님은 이 세상을 창조하고 죄와 사망에서 우리를 구원해 안식을 주셨지만, 예수를 믿고 난 이후에도 인간은 여전히 자기 소견에 옳은 대로 살기를 원한다. 이를 제4계명의 관점에서 표현하면, 하나님은 주일에 안식하기를 원하시지만, 인간은 여전히 여러 가지 일로 분주하다. 옛날과 달리 여러 약속이 주일에 집중되고 있다. 유흥이 토-일요일에 집중되다 보니 월요일에 쉬는 상가가 점차 증가하고 있기도 하다. 신자들도 점점 주일 성수를 하기가 불가능한 상황이 되고 있다. 주일이 하나님의 일을 기억하는 날이라기보다, 자신의 약속을 기억하는 날로 변모하고 있다.

　주일에 교회에서도 신자들이 참 안식을 누리지 못하는 경우가 적지 않다. 교회를 오래 다닌 성도에게 주일은 안식하는 날이 아니라 교회 일을 하는 날로 바뀐 지 오래다. 교회는 주일에 여러 행사,

모임, 교육 등으로 분주하다. 성도들은 교회에 와서 안식하기보다는 일에 치이는 경우가 많다. 문제는 그런 일이 교회를 유지하는 데 매우 중요하다는 것이다. 예를 들어, 주일학교 교사들은 아침 일찍부터 교회에 나와 여러 가지 봉사를 해야 한다. 주일학교 교육이나 찬양대 봉사는 좀 나은 편이다. 식사 준비와 설거지 및 청소는 맡은 이들에게 큰 짐이 아닐 수 없다.

봉사가 과도하게 되면 이는 봉사가 아니라 노동이 된다. 봉사는 기쁨과 안식이지만, 노동은 무거운 짐일 뿐이다. 아무리 교회에서 하는 일이라 하더라도 그것이 과도하면, 이는 제4계명을 심각하게 어기는 죄가 될 수 있음을 교회 지도자들은 명심할 필요가 있다.

봉사의 일을 맡기기 전에, 먼저 한 주 동안 세상에서 싸우느라 지치고 피곤한 성도들이 어떻게 하면 교회에서 안식을 누리게 할지를 진지하게 고민해야 한다. 특별히 다음 세대를 이끌고 갈 젊은이들에게 중요한 문제다.

특별히 부모에게 주어진 명령

제4계명으로서 주일 성수는 모든 신자에게 주어진 명령이다. 하지만 이것은 특별히 가장이나 윗사람에게 주어진 명령이다. 제4계명을 다시 한번 찬찬히 읽어 보면 이 사실을 분명히 인식할 수 있을 것이다. "네 아들이나 네 딸이나 네 남종이나 네 여종이나 네 가축이나 네 문안에 머무는 객이라도 아무 일도 하지 말라"(출 20:10). 사실이 구절이 없어도 제4계명을 이해하는 데 아무 문제가 없다. 하지만 제4계명은 '네(너의)'라는 말의 반복을 통해 가장이나 윗사람의 의무를 강조한다.

웨스트민스터 대교리 제118문답은 앞에서 언급한 내용을 다음과 같이 요약해 설명한다.

118문: 왜 안식일을 지키라는 명령이 특별히 가장과 윗사람에게 주어졌습니까?

답: 안식일을 지키라는 명령이 특별히 가장과 윗사람을 향해 주어진 이유는 그들 자신에게 안식일을 지킬 의무가 있을 뿐만 아니라 그들 통솔 하에 있는 모든 사람 또한 안식일을 지키도록 해야 하기 때문이며, 그들은 종종 자신의 일로 인해 아랫사람이 안식일을 지키지 못하게 할 수 있기 때문입니다.

여기서 우리는 교리문답이 성경을 올바로 이해하는 데 얼마나 도움이 되는지를 쉽게 알 수 있다. 만약 이 문답을 모른다면, 이 계명이 특별히 가장이나 윗사람에게 주어졌다는 것과 그 이유를 어떻게 쉽게 알 수 있겠는가? 윗사람들은 제4계명을 스스로 지켜야 하는 것은 물론, 자신의 아랫사람도 지키게 해야 할 의무가 있다. 더 많은 권세를 가진 윗사람들은 더 많은 책임을 가지기 때문이다.

대교리문답에 따르면 제4계명은 특별히 부모들이 주의해야 한다. 자신이 주일을 지키는 것은 그냥 하면 되지만, 자녀들이 주일을 지키게 하는 것은 쉬운 일이 아니다. 우선 부모들은 스스로 주일 성수의 모범을 보여야 한다. 영적인 안식의 핵심은 예배를 통한 하나님과의 교제이기에, 예배에 있어서 모범이 되어야 한다. 자신은 주일 성수를 하지 않으면서 어떻게 자녀에게 주일 성수를 하라고 말할 수 있겠는가?

한국 사회에서 부모들이 저지르는 최악의 죄는 주일에 자녀들을 학원에 보내는 것이다. 예배 후에 학원에 보내는 것은 그나마 낫다. 하지만 고3 학생들의 경우 수능 시험 몇 달 전에는 아예 예배를 출석도 안 하는 경우가 많다. 이는 무엇을 의미하는가? 하나님보다 대학을 더 중요하게 생각한다는 뜻이다. 실제로 한국에서 대학'교'는 최고의 종교가 되었다. 그렇게 해서 원하는 대학에 가면 신앙생활을 잘할까? 대학을 졸업하고 좋은 직장에 가면 신앙생활을 잘하게 될까? 제4계명에 대한 무시가 결국 우리 자녀들의 영혼을 망치고 있다.

이 글을 읽는 학부모를 위해 한마디만 첨가한다. 나는 고3 때 주일에 전혀 공부하지 않았다. 그럼에도 불구하고 명문대에 진학했다. 이는 주일 성수를 잘하면 좋은 대학에 갈 수 있다는 말이 아니다. 공부를 좀 해 본 사람은 알겠지만, 주일에 공부를 더 한다고 성적이 오르고, 주일에 안 한다고 성적이 떨어지지 않는다. 공부에서 중요한 것은 시간보다는 집중력이다. 집중은 항상 할 수 있는 일이 아니다. 집중하기 위해서는 쉼도 필요하다. 이를 제4계명 자체가 너무나 분명하게 가르쳐 주고 있다. "엿새 동안은 힘써 네 모든 일을 행할 것이나"(출 20:9). 쉴 때 쉬고 공부할 때 공부하는 것이 가장 좋은 공부 방법이다.

제4계명의 올바른 적용

제4계명은 지나치게 부정적으로 이해된 적이 많았다. 주로 주일에 " ~ 하지 마라"는 식으로 이해되었다. 대표적인 예가 "주일에 돈 쓰지 마라"다. 그러나 단순히 돈을 쓰지 않았다는 사실만으로 주일 성수를 했다고 할 수 있을까? '돈 쓰지 않음'을 통해 이루어지는 율법의 정신, 즉 사랑이 성취되지 않는다면 '돈 쓰지 않음'은 신자들에게 아무런 유익을 주지 못한다. 실제로 율법의 정신을 가르치지 않기에 신자들은 주일에 돈 쓰는 일에 별 문제의식을 느끼지 못하고 있다.

제4계명은 '네 남종이나 여종'도 주일에 안식하게 하는 것을 요구한다. 이를 문자 그대로 이해한다면 이 계명은 오늘날 적용될 수 없을 것이다. 적어도 우리나라에는 남종이나 여종이 존재하지 않기 때문이다. 그렇다면 이 계명은 구약 시대나 노예가 있는 국가에만 한정된 것인가? 웨스트민스터 대교리문답 관점에서 해석해 보자. 대교리문답은 이 계명이 '윗사람'에게 특히 중요하다고 강조한다. 그렇다면 대부분의 신자는 스스로를 어떻게 생각할까? 고위직에 있는 사람 외에는 스스로를 윗사람이라고 생각하는 이가 그렇게 많지 않을 것이다. 하지만 복잡한 현대 사회에는 위, 아래 개념이 명확하게 나누어지지 않는다. 예를 들어, 내가 돈을 가지고 매장에 들어가면, 그때 직원은 내 아래에 위치하게 된다. 만약 주일에 어떤 식당에 들어가서 식사한다면, 그 직원은 그 손님을 위해 일할 수밖에 없다. 이 같은 관점에서 보면, 그리스도인은 불가피한 일이 아니면 주일에 돈을 사용해서 타인을 자신의 직원처럼 일하게 해서는 안 된다. 그 이유가 무엇인가? 하나님께서 그날에 모든 인간이 쉬기를 원하시기 때문이다. 주일에 쉬고 싶은가? 당신이 쉬고 싶다면, 남도 쉬게 하는 것이 "이웃을 네 자신과 같이 사랑하라"는 율법의 정신이다.

제4계명은 바쁘고 분주한 현대 사회를 살아가는 인간을 향한 복음이다. 적어도 일주일에 한 번은 쉬는 것이 하나님의 뜻이고, 신자들은 자신뿐 아니라 우리 사회 전체가 이 계명에 순종하도록 해야 할 의무가 있다. 학생들도 공부에서 쉬어야 하고, 돈이 있어도 사용하지 말아야 하고, 상점 문도 닫아야 하고, 집안일도 쉬어야 한다. 일에서 해방되고 쉬게 되면 인간은 비로소 여유를 가지고 기억과 생각을 하기 시작한다. 특별히 하나님과 영적인 것을 사모하게 된다. 하나님은 특별히 주일에 예배 시간을 통해 이와 같은 일이 이루어지기를 원하신다.

불순종하는 자를 향한 경고

"주일에 쉬어라"라는 하나님의 명령에 대항하여 인간은 "주일에 더 열심히 일해라"라고 반항한다. 특히 믿음의 부모들이 이 반항의 최전선에 서 있다. 이 같은 불순종으로 우리의 자녀들이 믿음에서 급속도로 멀어지고 있다. 주일 성수의 복음이 회복되지 않는다면, 하나님은 우리의 마지막 자녀가 믿음을 떠날 때까지 교회를 향한 엄중한 심판을 멈추지 않으실 것이다.

고도로 발달한 자본주의 사회 속에서 복잡하게 얽힌 인간관계로 인해 주일에 완벽하게 안식하는 것이 거의 불가능한 상황이 되었다. 제4계명에 대한 강조는 신자들에게 불편함을 주는 것이 사실이다. 그렇기에 아예 제4계명에 대해서 침묵으로 죄책감을 덜어 주려 한다. 하지만 그것이 정말 교회를 살리는 길일까? 오히려 자신의 죄와 비참함을 인식하면서, 부족하지만 주님께서 주신 능력 안에서 주일을 성수함으로 영원한 안식을 소망하는 것이 신자가 나그네로서 이 세상을 살아가야 하는 방식이 아닐까?

찬송,
입술의 열매

찬송은 신자의 삶에서 매우 중요한 부분을 차지한다. 노래를 좋아하는 한국 교회 성도들에게는 특히 그러하다. 찬송 없는 신앙생활은 거의 불가능하다. 예배 시간에 설교가 목사의 직무라면, 찬송은 회중 전체의 직무다. 찬양에 대한 열정은 찬양대로 이어진다. 작은 규모의 교회도 찬양대가 없는 경우는 거의 없다. 찬양대는 열심히 신앙생활하는 교인이 다수를 차지하기에, 교회 안에서 찬양대원의 영향력은 무시할 수 없다.

교회사를 통해서 볼 때 교회의 부흥은 찬송의 부흥을 동반한 경우가 많다. 대표적인 예로, 종교 개혁은 회중 찬송의 혁명적인 변화를 가져왔다. 존 웨슬리(John Wesley)의 감리교 부흥 운동은 동생 찰스 웨슬리(Charles Wesley)의 찬송이 없었더라면 그 영향력이 상당히 미미했을 것이다. 한국 교회 역시 성경과 더불어 찬송가의 출판이 교회 성장에 크게 이바지했다. 70년대 이후에는 부흥성가가 확산되었고, 80년대 후반부터는 '경배와 찬양'이 유행하면서 찬송은 단지 예배의 한 요소가 아니라 예배의 중심을 차지하게 되었다. 오늘날 젊은 세대에게는 설교보다 찬송이 더 큰 영적인 힘을 발휘하고 있다.

아쉽게도 한국 교회의 신자들은 찬송 부르기를 매우 좋아하지만, 찬송에 대해 공부하는 것은 별로 좋아하지 않는 것 같다. 사실 이는 그리 큰 문제가 아닐 수도 있다. 찬송을 공부하는 데 시간을 보내기보다 차라리 찬송을 실제로 한 번이라도 더 부르는 것이 신앙생활에 더 유익하기 때문이다. 그러나 이 둘을 분리해서 생각하는 것은 적절하지 않다. 이제 무조건 열정적으로 찬송을 부르기만 하기보다는, 조용히 앉아서 우리가 부르는 찬송에 대해 깊이 성찰할 때가 되었다.

몇 가지 예

찬송에 대한 지식이 전혀 없다면 나중에 불편한 진실을 알게 되었을 때 큰 당황스러움에 직면할 수 있다. 한국 교회에서 잘 불리는 찬송 중에 〈환난과 핍박 중에도〉(새찬송가 336장)가 있다. 그런데 여기서 말하는 성도는 정확히 누구일까? 박해받는 초대 교회 성도로 생각할 수 있을 것이다. 하지만 이 찬송을 지은 사람이 가톨릭 신부임을 안다면, 이 찬송이 가리키는 성도가 우리가 생각하는 성도가 아니라는 것을 알 수 있을 것이다. 그렇다면 이 찬송에서 말하는 '환난'은 가톨릭 교인들이 개신교 정부에게 받은 박해를 의미한다.

실제로 이 찬송은 영국에서 개신교인에게 박해를 받았던 가톨릭 신자들을 기리기 위해 만들어졌고, 이 때문에 가톨릭 교인에게 많은 사랑을 받는 찬송이기도 하다. 이 사실을 안다면 개신교인들이 이 노래를 예전과 같은 마음으로 부를 수는 없을 것이다.

성탄절에 많이 불리는 〈고요한 밤 거룩한 밤〉(새찬송가 109장)도 생각해 볼 여지가 있다. 이 역시 오스트리아의 가톨릭 사제가 작사했다. 이처럼 한국 찬송가에는 가톨릭 신자가 만든 노래가 여럿 수록되어 있다. 심지어 교황이나 가톨릭 최고의 신학자로 간주되는 토마스 아퀴나스(Thomas Aquinas)가 지은 찬송도 있다. 가톨릭에 대해서 굉장히 적대적인 한국 교회가 찬송에서는 가톨릭교회에 상당히 관대한 태도를 취하는 것은 흥미로운 일이다.

물론 가톨릭 교인이 지었다고 해서 무조건 배척하는 것은 문제가 있다. 중요한 것은 가사의 내용이기 때문이다. 하지만 가톨릭 교인이 지은 노래일수록 좀 더 철저한 검증이 필요하다. 〈고요한 밤 거룩한 밤〉의 경우 '주의 부모'는 원래 가사에 따르면 '주의 모친'으로 번역하는 것이 맞다. 더 나아가 동정녀 마리아와 아기 예수가 같이 있는 모습은 전형적인 가톨릭 신학을 반영한다. 비록 이것이 성경적으로 잘못되었다고 할 수는 없지만, 개신교 신학에는 상당히 생소한 테마다.

찬송의 지은이도 잘 살펴봐야겠지만, 정말 중요한 것은 찬송의 가사다. 적어도 예배 시간에 공적으로 불리는 찬송일수록 가사는 좀 더 면밀하게 검토될 필요가 있다. 〈그 어린 주 예수〉(새찬송가 108장, 114장)라는 성탄절 찬송을 살펴보자. 이 찬송에는 "그 순하신 예수 우시지 않네"라는 가사가 들어 있다. 이뿐만 아니라 성탄절 찬송에서 예수님은 주로 울지 않는 아기로 묘사되어 있다. 이는 사실 기독론적으로 볼 때 그리스도의 인성을 매우 약화시킬 수 있는 위험을 안고 있다.

마지막으로 〈주여 지난밤 내 꿈에〉(새찬송가 490장)라는 찬송을 살펴보자. 아마 개인적으로 이 찬송을 부를 수는 있으나, 공적인 예배 찬송으로 부르기에는 적절치 않다. 지난밤에 꿈도 꾸지 않았을 뿐만 아니라, 꿈을 꾸었더라도 주님을 보지 못한 대부분의 성도가 어떻게 이 찬송을 진지하게 부를 수 있을까? 더 나아가 "밤과 아침에 계시로 보여 주사"라는 가사는 계시의 종결성이라는 기독교의 정통 교리와 정면으로 상충한다. 성도들은 이 찬송을 부르다 보면 주님을 보고 계시를 받는 데 대해서 별 문제를 느끼지 못할 수 있다.

찬송의 대상이신 삼위 하나님

찬송에 대해 고려할 때 우리는 크게 세 가지 요소를 생각할 수 있다. 찬송하는 사람, 찬송 그 자체 그리고 찬송을 받으시는 분이다. 이 중에서 찬송의 본질을 결정짓는 것은 찬송을 받으시는 분이다. 찬송을 받으시는 분이 누구인가에 따라 찬송의 내용과 성격이 완전히 달라지기 때문이다. 아쉽게도 찬송에 대한 논의에서 이 부분의 중요성은 종종 과소평가된다. 찬송에서 가장 중요한 요소가 찬송을 받으시는 분이라면, 찬송에 대한 질문 자체가 달라져야 한다. 찬송을 부르는 '나'가 아니라 찬송을 들으시는 '하나님'이 기준이 되어야 하기 때문이다.

"하나님은 어떤 찬송을 좋아하실까?" 이것이야말로 찬송에 관한 가장 중요한 질문이다. 하지만 오늘날 한국 교회는 이 질문을 진지하게 하지 않는다. 예를 들어, 어떤 딸이 어머니 생일에 고등어를 준비했는데, 그 어머니가 대부분의 생선을 좋아하지만 고등어는 싫어한다고 하면 어떻게 되겠는가? 아무리 딸이 정성스럽게 생일상을 준비했다 하더라도 그 생일상은 어머니를 기쁘게 하지 못할 것이다. 이를 하나님께 드리는 찬송에도 동일하게 적용할 수 있다. 당연히 신자는 하나님이 좋아하시는 찬송을 불러야 할 것이다.

질문은 계속 이어질 수 있다. 하나님은 어떤 가사를 좋아하실까? 하나님은 어떤 곡조를 좋아하실까? 만약 하나님이 어떤 가사나 곡조를 좋아하신다면, 신자는 자신이 감동받은 대로 가사를 지어서 부르면 되고, 곡조도 큰 문제가 되지 않을 것이다. 힙합, 트로트, 판소리…. 하지만 하나님이 좋아하시는 특정한 찬송이 존재하지 않는다는 생각으로 인해 결국 찬송의 기준이 사라지고 말았다. 기준이 없어진 것이 아니라 '자기'가 기준이 되어 버린 것이다. 오늘날 좋은 찬송은 곧 '내가 좋아하는 찬송'이다. 결국 하나님이 아니라 인간을 즐겁게 하는 찬송이 주류를 차지하게 되었다.

하나님이 찬송의 기준임을 알면 신론, 즉 하나님에 대한 지식이 찬송에서 얼마나 중요한지를 금방 알 수 있다. 교리와 삶이 구분되지 않는다는 것을 우리는 찬송에서 가장 쉽게 경험한다. 우리의 찬송을 받으시는 분은 성부, 성자, 성령, 곧 삼위 하나님이시다. 이 삼위일체 하나님은 다른 어떤 거짓 신들과도 구분되는 유일하고 참되신 하나님이다. 이를 믿고 고백한다면, 이 신앙 고백은 찬송에서도 어떤 식으로든지 드러날 것이다. 반대로 삼위 하나님에 대한 고백이 분명하지 않으면, 찬송에서도 이 고백은 흐려질 수밖에 없다. 실제로 오늘날 예배 시간에 삼위 하나님을 명시적으로 찬송하는 송영(gloria patri)은 거의 불리지 않는다. 삼위 하나님의 고백이 찬송에서 분명하지 않기 때문에, 이단이 부르는 찬송과 정통 교회가 부르는 찬송이 외적으로 듣기에 별 차이가 없게 되었다.

시편 찬송의 중요성

"하나님은 어떤 찬송을 좋아하실까?"에 대한 답 중 하나는 시편 찬송이다. 이것은 사도 바울이 에베소서와 골로새서에서 교회에 분명하게 가르친 교훈이다. "시와 찬송과 신령한 노래들로 서로 화답하며 너희의 마음으로 주께 노래하며 찬송하며"(엡 5:19). "시와 찬송과 신령한 노래를 부르며 감사하는 마음으로 하나님을 찬양하고"(골 3:16). 한글 성경에서 '시'로 번역된 단어는 '시편'으로 번역되어야 한다. '찬송'과 '신령한 노래'를 어떻게 해석해야 하는가는 별도의 연구가 필요할 것이다. 혹자는 그것들을 시편의 다른 호칭으로 해석하면서 시편만 불러야 한다고 주장하지만, 적어도 시편 찬송이 하나님께서 명하신 찬송 중 하나임은 의심의 여지가 없다.

시편이 다른 찬송과 구별되는 점은 성경의 한 부분이라는 사실이다. 시편은 성경에서 가장 분량이 많은 책으로, 성경의 한 부분으로서 성령의 영감으로 오류 없이 기록되었다는 점에서 다른 찬송과 비교가 될 수 없다. 그렇다면 150편이나 되는 시편이 성경에 포함된 이유는 무엇일까? 목사들이 시편으로 설교하도록 하기 위해서? 신자들이 열심히 읽고 묵상하도록 하기 위해서? 물론 그런 이유도 있겠지만, 가장 중요한 이유는 신자들이 시편을 통해 하나님께 기도하고 찬송하도록 하기 위해서다.

무엇보다 시편은 예수님이 부르셨던 찬송이다. 복음서의 기록을 살펴보면 예수님이 시편을 완전히 외우셨음을 유추할 수 있다. 물론 다른 구약성경에 대해서도 잘 알고 계셨을 것이다. 예수님께서 가르치신 산상수훈의 팔복은 시편의 요약이라 할 수 있고, 예수님은 십자가에서 시편으로 기도하셨다. "내 하나님이여 내 하나님이여 어찌 나를 버리셨나이까"(시 22:1). 시편에서 말하는 의인은 예수님의 삶에서 확실하게 드러났으며, 이 때문에 부활하신 예수님은 엠마오로 가는 두 제자에게 "모세의 율법과 선지자의 글과 시편에 나를 가리켜 기록된 모든 것이 이루어져야 하리라"(눅 24:44)라고 하셨다.

하나님께서 지으신 찬송인 시편을 한번 살펴보자. 우리가 사용하는 찬송가와는 달리 시편의 70-80퍼센트는 탄식의 시로 이루어져 있다. 탄식이란 무엇인가? "하나님, 나 정말 힘들어요! 진짜 이러다가 죽겠어요! 제발 좀 도와주세요! 사람들이 나를 너무 힘들게 해요!" 그런데 하나님은 이러한 찬송을 정말 좋아하실까? 정말 좋아하신다는 것을 우리가 어떻게 확신할 수 있을까? 이 확신을 우리는 시편 자체에서 찾을 수 있다. "하나님께서 구하시는 제사는 상한 심령이라 하나님이여 상하고 통회하는 마음을 주께서 멸시하지 아니하시리이다"(시 51:17). 상한 심령이란 성도의 탄식이 아니고 무엇이겠는가?

시편은 모든 그리스도인을 위한 찬송이지만, 그중 장로교 신자들은 시편으로 찬송해야 할 의무와 책임이 있다. 이것은 장로교회의 신조인 웨스트민스터 신앙 고백서 21장 5항에 분명히 나와 있다. 이 항목은 예배의 요소를 다루는데, "감사함으로 시편을 은혜로 노래하는 것"을 예배의 요소로 분명히 고백한다. 이는 에베소서와 골로새서를 그대로 인용한 것으로, 신앙 고백이 단순히 인간이 고안한 것이 아니라 성경에 깊이 뿌리내린 영적 교훈임을 보여 준다.

교회 역사 속에 나타난 찬송

찬송에 대해 제대로 알기 원한다면 교회사를 살펴볼 필요가 있다.[1] 찬송의 역사는 교회의 역사만큼 오래되었으며, 그만큼 다양한 모

---

[1] 최근에 이에 대한 좋은 책이 번역되었다. 요한 힌리히 클라우센, 《신을 위한 음악》(좋은씨앗, 2024).

습으로 교회에 등장했다. 그 내용을 다 파악하는 것은 불가능에 가깝지만, 교회사를 통해 몇 가지 중요한 사실을 파악하는 것은 올바른 찬송 이해에 필수적이다.

찬송은 정통 교회만의 전유물이 아니었다. 콘스탄티누스(Flavius Valerius Aurelius Constantinus) 황제가 개종하고 교회가 공인되었을 때, 대표적인 이단이었던 아리우스주의자들은 자신의 교리를 찬송에 담아서 전파했다. 이 방법은 설교보다 훨씬 더 효과적으로 대중에게 거짓 교리를 전달할 수 있었다. 정통 교회는 이러한 이단들의 도전에 직면하여 더 좋은 찬송을 지어서 대응했는데, 그 대표적인 인물이 아우구스티누스(Aurelius Augustinus)의 스승인 밀라노의 주교 암브로시우스(Ambrosius)였다. 당시에는 신학자와 음악가의 구분이 엄격하지 않았기 때문에 가능한 일이었다. 교회는 찬송의 가사에 담긴 내용에 각별하게 주의할 필요가 있다.

찬송의 곡조는 세상 문화의 영향을 많이 받을 수밖에 없다. 어떤 것은 별 문제가 없지만, 때로는 큰 문제가 되기도 한다. 세속 음악이 교회 안으로 지나치게 들어오면 교회는 적절한 조치를 취하지 않을 수 없었다. 때로는 그 조치가 지나치거나 극단적인 성격을 지니기도 했다. 대표적인 예가 363년에 개최된 라오디게아 공의회다. 이 공의회는 지정된 사람만 찬송하도록 규정했을 뿐만 아니라 악기 사용도 금했다. 이것은 교회가 찬송을 부르는 방식에 대해서도 매우 민감했다는 것을 증언한다.

중세 서방 교회를 지배했던 찬송은 그레고리오 성가였다. '그레고리오'라는 이름 자체가 그레고리오(Gregorius Magnus) 교황에서 비롯되었다. 비록 그 많은 찬송이 교황에 의해 지어진 것은 아니었지만, 그에게 직간접적으로 영향을 받은 것은 분명하다. 그레고리오 성가의 가장 큰 특징은 라틴어로 되어 있다는 것이다. 따라서 적어도 라틴어를 읽을 수 있는 사람만이 찬송을 부를 수 있었다. 또한 악보가 체계적으로 발전되지 않은 시대에는 오직 전문적인 음악 교육을 받은 사람, 예를 들어 수도사들만 찬송을 부를 수 있었다. 중세 예배에서 찬송 시간은 찬송을 부르는 시간이 아니라, 찬송을 듣는 시간이었다.

종교 개혁은 근본적으로 교리의 개혁이었으며, 교리의 개혁은 예배와 찬송의 개혁을 수반했다. 종교 개혁가들은 명시적인(explicit) 믿음만을 참된 믿음이라고 보았기에, 알아듣지 못하는 찬송은 신자들에게 아무런 유익을 줄 수 없다고 주장했다. 이같은 교리에 따라 라틴어 찬송은 모국어 찬송으로 바뀌었으며, 곡조도 회중이 부르기 쉬운 형태로 바뀌었다. 그 결과 회중 찬송이 교회 안에 보편적으로 자리 잡게 되었다. 찬송에서 일어난 변화와 개혁은 교리와 삶이 얼마나 밀접한 관계를 가지는지를 분명하게 보여 준다.

어떻게 찬송해야 하는가

교회 역사를 통한 찬송에 대한 성찰은 찬송을 이해하는 데 많은 유익을 제공한다. 하나님께서 좋아하시는 찬송이 무엇인가에 대한 답을 찾았다면, 그다음 질문은 "하나님은 어떻게 찬송하는 것을 원하시는가?"다. 이는 성경만으로 해결하기 어려운 신학적 문제다. 하나님은 당신의 백성에게 찬송의 가사는 주셨지만, 가락은 주시지 않았기 때문이다. 따라서 가락은 인간이 그 가사에 맞게 지어서 부를 수밖에 없다. 하지만 그렇다고 해서 아무 원칙 없이 좋아하는 가락으로 찬송을 부르는 것도 바람직하지 않다는 점이 교회의 역사를 통해 배우는 교훈이다.

실제로 우리 찬송가를 살펴보자. 소위 복음성가는 말할 것도 없고, 현재 우리가 쓰는 찬송가의 거의 대부분은 장조로 이루어져 있다. 실제로 한국 찬송에서는 단조가 거의 쓰이지 않는다. 하나님은 단조로 된 찬송을 좋아하지 않으시기 때문일까? 그렇지는 않을 것이다. 여러 차이점이 있겠지만, 기본적으로 장조는 기쁨을, 단조는 슬픔을 나타내기에 적합하다. 우리의 삶은 고난과 수고와 슬픔으로 가득 차 있는데, 예배 시간에는 마치 일주일 동안 아무 일 없었던 것처럼 기쁜 찬송만 부른다. 이는 찬송을 부르는 성도로 하여금 위선과 형식주의에 빠지게 만들 위험이 있다. 지금 나는 단조가 찬송에 적합하다는 것을 주장하는 것이 아니다. 장조에 편중된 한국 찬송가가 균형을 많이 잃었음을 지적하는 것이다.

교회 역사는 우리에게 "누가 찬송해야 하는가?"라는 질문에 좋은 지침을 제공하고 있다. 아쉽게도 종교 개혁이 회복한 회중 찬송은 오늘날 여러 면에서 위협받고 있다. 어느 정도 규모가 있는 교회는 성가대로 불리는 대규모 찬양대를 운영하고 있으며, 이를 당연하게 받아들인다. 참고로 로마 가톨릭교회와 달리 개신교회는 성가 혹은 성가대 같은 개념을 거부했다. 찬양대의 찬양은 기본적으로 회중이 부르는 찬양과 분리된다. 곡의 수준도 차이가 나고, 찬양대가 찬송하는 동안 회중은 듣기만 해야 한다. 문제는 과연 이런 방식의 찬송을 하나님께서 정말 원하시는가 하는 점이다.

찬양 팀이 인도하는 찬송 역시 진지하게 검토할 필요가 있다. 찬양 팀이 지닌 가장 큰 문제는 찬송의 공교회성을 크게 손상시킨다는 것이다. 교회마다 각자 부르는 노래가 다르기 때문에 찬송의 통일성이 점점 약해지고 있다. 찬양 팀 구성원들은 찬송가를 사용하기보다 시대의 흐름에 맞는 복음성가를 선호하는 경향이 있다. 그 결과 찬송 선곡을 찬양 팀 리더가 결정하며, 심지어 목사도 전혀 모르는 찬송을 부르기도 한다. 회중 속에는 찬송을 아는 이들과 모르는 이들이 은연중에 분리되어 있다.

작은 교회와 찬송

앞에서 언급한 대로, 악기 사용에 대해서도 교회사를 통해 배울 필요가 있다. 일반적으로 교회는 악기 사용에 매우 소극적이었다. 심지어 악기 사용을 금하는 교회도 여전히 존재한다. 성경을 기준으로 악기 사용을 판단하기는 쉽지 않다. 하지만 무분별한 악기 사용은 교회에 해가 될 수 있음을 잊지 말아야 한다. 특히 교회가 쇠퇴하는 시대에 악기에 지나치게 의존하는 것은 주의할 필요가 있다. 무엇보다 악기를 연주할 수 있는 사람을 구하기가 매우 힘든 시대가 되었다. 심지어 찬송을 연주할 수 있는 피아노 반주자를 구하기 어려운 교회도 적지 않다. 이전에 인기를 끌었던 드럼은 교회당 구석에 자리만 차지할 뿐이다.

작은 교회는 소리는 작더라도, 아름다운 찬송을 부를 수 있는 힘을 길러야 한다. 악기에 의존하기보다는 성도들의 목소리를 힘 있는 찬송으로 변화시켜야 한다. 이를 위해 찬송 선곡도 신중해야 한다. 물론 쉬운 일은 아니지만, 이 점에서 작은 교회 목사들은 더 깊은 음악적 지식과 감성을 가질 필요가 있다. 여유가 있을 때 찬송에 대한 기본 소양을 길러야 한다.

히브리서 기자는 찬송을 입술의 열매이며, 하나님께서 기뻐하시는 제사라고 가르친다(히 13:15). 하나님을 기쁘시게 하는 찬송을 하기 위해서는 단지 찬송에 대한 열정뿐 아니라, 올바른 교리적 지식도 필요하다는 것이 교회사가 주는 교훈이다.

기도,
신앙의 실천

예전에는 직장 내에서 스스로 그리스도인이라고 공개적으로 드러내는 신자들도 있었고, 적극적으로 전도하는 사람도 있었다. 그렇게까지 하지 않더라도, 식사 시간에 밥을 먹기 전에 기도함으로써 자연스럽게 자신이 신자임을 드러내는 이들이 적지 않았다. 사실상 기도는 세상에서 자신이 신자라는 것을 드러내는 거의 유일한 종교적 행위다. 아쉽게도 오늘날 이런 신자들은 점점 줄어들고 있다. 이는 신자들의 믿음이 예전에 비해서 약해졌다는 증거일 것이다.

자신들의 신앙을 감추려는 한국 개신교 신자들과 달리, 무슬림들은 때로는 지나칠 정도로 과감하게 자신들의 신앙을 드러낸다. 그들이 먹는 음식이나 입는 옷을 통해 우리는 그들이 무슬림이라는 것을 바로 알아차릴 수 있다. 특히 그들은 정해진 시간이 되면 어디에 있든 메카를 향해 기도한다. 한국 개신교인들이 주로 교회당이나 집에서 기도하는 것과 달리(세상 사람들에게 잘 보이지 않음), 무슬림들은 어디에서나 기도한다. 이와 같은 차이는 어디에서 비롯될까?

기도의 외적인 행태는 기도자의 내적인 신앙 상태를 나타낸다.

즉, 기도는 믿음과 밀접한 관계를 가진다. 칼뱅(Jean Calvin)은《기독교 강요》에서 기도를 다음과 같이 정의했다. "기도는 믿음의 주된 실천(exercitium)[1]이며, 이를 통해 우리는 날마다 하나님의 선물을 받는다." 이 구절은 기도에 대한 탁월한 정의 중 하나이며, 오늘날 기도에 관해 가장 많이 인용되는 구절이다. 하지만 칼뱅의 가르침 중에서 오늘날 가장 무시되는 사항이기도 하다. 예를 들어, 대부분의 현대 조직신학 책들은 기도를 무게 있게 다루지 않는다. 이는 신학이 사변화되는 중요한 이유 중 하나로 생각할 수 있다.

기도의 대상이신 하나님

신자가 기도하는 대상은 하나님이시다. 따라서 기도는 신학과 밀접한 관계를 가진다. 신학을 'theology'라고 하는데, 하나님(theos)과 말(logos)의 합성어다. 어원학적인 측면에서 볼 때 신학, 즉 '하나님의 말'은 인간에게 하시는 하나님의 말씀이 될 수도 있고, 하나님에게 하는 인간의 말이 될 수도 있다. 신학을 이렇게 규정한다면, 하나님은 설교를 통해 인간에게 말씀하시고, 인간은 기도를 통해 하나님께 말을 한다. 따라서 설교와 더불어 기도는 신학의 중요한 행위가 된다. 기도가 하나님께 말을 하는 행위라면, 그 행위는 신학적 행위인 것이다.

기도가 신학이라면, 신자는 기도를 통해 자신이 기도하는 하나

---

1 '수련'이라고 번역할 수도 있음.

님이 누구신지를 가시적으로 드러낸다. 즉, 기도의 모습과 내용을 보면 그가 믿는 하나님이 어떤 분인지가 자연스럽게 드러난다. 한 번은 어떤 신자가 열심히 기도하는 내용을 우연히 듣게 되었다. 호기심에 무엇을 기도하는가 들어 보니, 소위 기복 신앙이었다. 하나님, 주님, 예수님만 빼면 내용에 있어서 불교 신자의 기도와 별 차이가 없었다. 이러한 신앙의 행태는 오늘날 일부 신자에 제한된 것이 아니다. 이름을 대면 누구나 알 만한 한 대형 교회의 목사가 자기 교회의 수능 기도회에 대해 언급하며, 수능 하루 전까지 수백 명의 수험생 어머니들이 밤늦게 나와서 그토록 열심히 기도했지만, 수능 바로 다음 날에는 기도하는 어머니들을 거의 찾아볼 수 없었다고 한탄했다. 최소한 3일 정도는 더 나와 자녀를 위해 기도하는 참된 경건을 찾아보기 어려운 것이 오늘날 기도의 현실이다.

기도와 신앙, 혹은 신학이 분리되지 않아야 한다는 것을 보여 주는 유명한 경구가 있으니, 바로 '기도의 법은 신앙의 법'(lex orandi, lex credendi)이다. 일반적으로 로마 교회는 전자를, 개신교는 후자를 강조하는 경향이 있는데, 어느 한쪽으로 치우치지 않도록 주의해야 할 필요가 있다. 결국 기도에 있어 가장 중요한 질문은, "누구에게, 혹은 어떤 분에게 기도하는가"다. 기도 생활이 정도에서 벗어나는 최초의 이유는, 나의 기도를 받는 분이 어떤 분인지 충분히 인식하지 못하는 데서 비롯된다.

저들과 같이 기도하지 말라!

예수님은 산상수훈을 통해 주기도문을 가르쳐 주시기 전에 제자들이 하지 말아야 할 기도를 먼저 알려 주셨다. 하나는 외식하는 자들이 한 기도이고, 다른 하나는 이방인들이 한 기도였다. 외식하는 자들은 회당과 거리에서 기도했다. 그들이 그렇게 한 이유는 두 가지였다. 하나는, 그 기도의 주된 목적이 사람에게 보이기 위한 것이었기 때문이다. 외식하는 자들은 자신의 기도를 통해 자신이 얼마나 의로운지 보여 주기를 원했다. 그들이 그렇게 기도한 또 다른 이유는, 그들이 하나님의 성품을 몰랐기 때문이다. 예수님은 하나님이 '은밀한 중에 보시는' 분이라는 점을 분명히 하셨다. 만약 하나님이 은밀한 중에 보시는 분이라는 것을 정말로 믿는다면, 회당과 거리에서 기도할 것이 아니라 골방에서 기도해야 할 것이다.

여기서 주의할 것이 있다. 예수님은 사람이 보는 앞에서는 절대 기도하지 말아야 한다거나, 무조건 골방에서만 기도해야 한다고 말씀하신 것이 아니다. 만약 그렇다면 대표 기도가 예배 시간에 시행되어서는 안 될 것이다. 예수님의 의도는 분명하다. 기도나 구제나 금식 등 우리의 종교적 행위의 의도가 사람에게 보이는 것이 되어서는 안 된다는 것이다. 어떤 부흥사는 자신이 40일 금식 기도를 세 번 했다는 것을 표기한 명함을 가지고 다니기도 한다. 그들은 이미 자기 상을 받았다. 즉, 사람들에게 보여 주기 위해 기도했는데 그들이 보았으니, 더 이상 하나님으로부터 어떤 상도 받지 못한다.

오늘날 많은 목회자가 다른 사람들의 시선에 신경을 많이 쓴다. 그렇게 되면 외식에 빠지기 쉽다. 예수님께서 외식하는 자들에 대해 얼마나 많이, 얼마나 심하게(회칠한 무덤, 독사의 자식) 질책하셨는지를 깊이 생각해야 한다. 우리가 믿는 하나님이 정말 은밀한 중에 보시는 분임을 확실히 믿는다면, '골방 신학'을 회복해야 한다. 오직 하나님만을 바라보고, 오직 하나님께 기도하고, 오직 하나님께 토로하는 목사가 되어야 한다. 이전과 달리 목회 환경이 점차 목사에게 불리하게 전개되고 있다. 이럴 때 목사들이 골방에서 벗어나 사람을 의지하려는 유혹에 빠지기 쉽다. 단호하게 물리치고, 은밀한 중에 보시는 하나님께로 달려가야 한다.

사람에게 보여 주는 기도는 교회 안에서 여러 형태로 나타난다. 요즘에는 특히 기도회라는 이름으로, 정치 집회 형식으로 종종 등장한다. 이전에는 이런 식의 기도회가 거의 없었을 뿐 아니라 상당히 금기시되었지만, 요즘에는 아예 하나의 트렌드로 자리 잡고 있다. 이런 기도회에서 가장 중요한 것은 참가한 사람의 숫자다. 기도의 내용이나 형식은 별로 중요하지 않다. 사람이 많이 모여 언론의 관심 대상이 되는 것이 중요할 뿐이다.

신자들이 주의해야 할 또 다른 형태의 기도는 이방인들의 기도다. 이 기도를 예수님은 중언부언하는 기도라고 설명하신다. 이방인들이 기도 시간에 중언부언하는 이유는, 하나님께서 말을 많이 해야 기도를 들으실 줄로 생각하기 때문이다. 예수님은 단지 긴 시간의 기도를 금하시는 것이 아니다. 예수님이 금하신 것은 길게 기도하는 것이 아니라, '길게 기도하면 하나님께서 더 잘 들어주실 것이라고 생각하면서 기도하는 것'이다. 이 둘의 차이는 별것 아닌 것처럼 보이지만, 참된 기도를 이해함에 있어서 매우 중요하다.

이방인들이 길게 기도하면 하나님께서 더 잘 들어주실 것이라고 생각하는 가장 큰 이유는, 기도하는 자의 정성이 기도 응답에 있어서 가장 중요한 요소라고 생각하기 때문이다. 이와 같은 이방인들의 생각을 가장 잘 나타낸 경구가 바로 "하늘은 스스로 돕는 자를 돕는다"이다. 전통적으로 한국 사람들은 자신의 정성을 기도에 많이 쏟았다. 새벽 일찍 기도를 하기도 하고, 아주 영험이 있는 먼 장소를 찾기도 하고, 오랫동안 금식을 하기도 했다. 그들이 그런 식으로 기도한 이유는, 자신들의 정성이 신들의 마음을 움직일 수 있다고 생각했기 때문이다.

예수님은 이방인들의 기도를 본받지 말라고 경고하면서 우리가 믿는 하나님이 어떤 분인지를 상기시키신다. 우리가 믿는 하나님은 우리가 구하기 전에 우리에게 있어야 할 것을 아시는 분이다. 이것은 기도를 이해함에 있어서 대단히 중요한 교리적 지식이다. 하나님이 우리에게 필요한 모든 것을 우리가 구하기도 전에 이미 다 아신다고 정말로 믿는다면, 우리는 도대체 무엇을, 어떻게 기도해야 하는가? 사실 이것은 기도에 있어서 해결하기 대단히 어려운 질문이다. 적어도 확실한 것은, 기도 응답을 받기 위해 우리의 간구

사항을 하나님께 구구절절이 설명할 필요가 없다는 사실이다.

이방인들의 신과 기독교의 하나님은 근본적으로 다르다. 이것은 기도에서 가장 분명하게 나타나야 한다. 하나님에 대한 이해가 다르면 기도의 모습도 달라야 한다. 아쉽게도 이방인의 기도는 교회 안에서 여러 방식으로 나타난다. 정성을 많이 바쳐야 하나님께서 기도를 더 잘 들으신다는 생각이 의외로 많은 신자의 생각을 지배하고 있다. 기도할 때 정성을 다해야 한다는 말과 정성을 다해야 기도가 더 잘 응답된다는 말은 전혀 다르다. 이것을 구분하지 못하면 신자는 쉽게 비신자처럼 기도하게 된다.

무엇을 구할 것인가

예수님은 하지 말아야 할 기도에 대해서 제법 길게 설명한 후에, 신자들이 해야 할 참된 기도인 주기도문을 가르치셨다. 주기도문이야말로 기도에 대한 가장 정확한 지침이다. 오늘날 많은 신자가 기도의 실천에 있어서 부족하거나 그릇된 모습을 보이는 이유는, 주기도문이라는 지침 없이 자기 소견에 옳은 대로 기도하기 때문이다. 따라서 올바른 기도를 하고자 하는 이들은 항상 주기도문으로 돌아가야 한다. 본고의 목적이 주기도문을 해설하는 것은 아니지만, 몇 가지 중요한 점을 짚어 보고자 한다.

주기도문은 크게 두 부분으로 구성된다. 하나는 하나님께 대한 것이고, 다른 하나는 인간에 대한 것이다. 주기도문의 절반은 아버지의 이름, 아버지의 뜻, 아버지의 나라를 위한 것이다. 어쩌면 이것이야말로 위선자들의 기도나 이방인들의 기도와 구별되는 참된 기도의 표지다. 거짓된 기도는 궁극적으로 인간의 필요만을 생각하고, 참된 기도는 하나님의 이름과 뜻과 나라를 가장 먼저 생각한다.

타락 이후 인간의 자기중심성은 거듭난 신자가 되었을 때에도 쉽게 사라지지 않는다. 이것은 기도에도 마찬가지로 적용된다. 신자들은 기도하면서 기도를 들으시는 분에게 관심을 가지기보다는 기도하는 자신에게 관심을 더 가진다. 그러다 보니 기도할 때 전부 자기의 필요를 열거할 뿐이다. 그러나 조금만 더 깊이 생각해 보자. 기도를 하는 인간은 누가 봐도 죄인이고, 기도를 듣는 분은 가장 의로우신 분인데 그 기도를 하나님께서 들으셔야 할 이유가 무엇인가? 이 점에 있어서 우리는 바리새인과 세리의 기도(눅 18:9-14)를 검토해 볼 필요가 있다. 두 사람은 동일한 장소, 즉 성전에서 기도했다. 하지만 기도의 내용은 전혀 달랐다. 바리새인은 십일조나 금식 등 자신의 여러 행위를 통해 자신의 의로움을 증명하려고 했다. 하지만 세리는 가슴을 치며 자신의 죄인 됨을 고백했다. 하나님은 세리를 의롭다 하시고 그의 기도를 들으셨다. 이 점에서 우리는 다윗의 기도를 기억해야 한다. "하나님께서 구하시는 제사는 상한 심령이라"(시 51:17).

물론 기도는 우리의 필요를 하나님께 구하는 행위이기도 하다. 하지만 이 점에서도 우리는 주의할 것이 있다. 죄인 된 인간은 무엇을 하나님께 구해야 하는지 제대로 알지 못할 수 있다는 것이다. 미성년 자녀들은 생선이 아니라 뱀을 구할 수 있고, 알이 아니라 전갈을 구할 수도 있다(눅 11:11-13). 만약 "오늘 우리에게 일용할 양식을 주시옵고"라는 기도를 모른다고 가정해 보자. 그렇다면 신자들은 일주일이나 한 달 양식을 위해 기도할 것이다. 주기도문을 모르면 결국 신자도 비신자와 똑같이 무엇을 먹을까, 무엇을 마실까를 위해 기도하게 된다.

하나님께서 정말 우리의 필요를 다 알고 먹고 마시는 문제를 해결해 주신다는 것을 확실하게 믿는다면, 우리는 무엇을 위해 기도해야 할까? 아마 처음에는 기도할 것이 별로 없을 것이라는 생각이 들 것이다. 그런데 예수님은 이와 같이 말씀하셨다. "먹고 마시는 것을 구하는 것은 이방인들이나 하는 일이다. 하지만 우리 아버지는 그 모든 것이 우리에게 있어야 할 줄을 아신다"(마 6:31-34 참조). 따라서 우리가 구해야 할 것은 아버지의 나라와 아버지의 의다. 하나님이 누구신지에 대한 믿음이 분명해질수록, 신자들은 세상적인 것들보다는 하나님 나라를 구하게 된다.

어떻게 기도할 것인가

이제 기도의 구체적인 형식을 살펴보기로 하자. 기도의 형식과 관련해서 가장 중요한 것은 기도 시간의 정기적 확보다. 우리는 성경을 통해 정기적인 기도가 신앙 공동체 안에서 시행되었다는 것을 알 수 있다. 대표적인 예로, 다니엘은 하루 세 번 예루살렘을 향해 창문을 열어 두고 무릎을 꿇고 기도했다(단 6:10). 하루 세 번 기도하는 것은 오랫동안 유대인들의 전통이 되었다. 바울 사도 역시 데살로니가 교인들에게 "쉬지 말고 기도하라"고 가르쳤다(살전 5:17). 이것을 여러 가지로 해석할 수 있겠지만, 정기적인 기도를 중단하지 말라는 의미로 이해하는 것이 자연스럽다. 기도 시간과 관련해 시편 기자는 이렇게 노래했다. "주의 의로운 규례들로 말미암아 내가 하루 일곱 번씩 주를 찬양하나이다"(시 119:164). 물론 이 '일곱'의 의미는 많이 혹은 충분히 기도한다는 의미를 내포하지만, 문자적인 일곱을 굳이 배제할 필요도 없을 것이다. 실제로 이 시편에 근거해 중세 수도원에서는 하루 일곱 번 기도할 수 있도록 안내하는 '성무일도'(officium divinum)라는 기도의 시간이 제정되기도 했다.

종교 개혁으로 말미암아 교리의 개혁뿐 아니라 기도의 개혁도 이루어졌다. 가장 큰 변화는 라틴어로 된 기도가 폐지되고 모국어 기도가 도입되었다는 것이다. 종교 개혁 이전에 회중은 기도의 내용을 알아들을 수 없었다. 기도의 내용을 아는 것이 그렇게 중요하다고 생각하지 않았기 때문이다. 중요한 것은 사제들이 교회 전통에 따른 기도문에 근거해 바른 형식에 따라 기도하는 것이었다. 하지만 회중은 사제들이 라틴어로 제대로 기도하는지조차 분별할 수 없었다.

종교 개혁을 받아들인 잉글랜드 교회는 모국어 기도를 받아들였지만, 기존의 로마 교회 기도문들은 거의 그대로 사용했다. 성인들이나 죽은 자들을 위한 기도와 같은 비성경적인 기도문만 제거되었을 뿐이다. 잉글랜드 교회는 로마 가톨릭교회에 맞서 잉글랜드 내 교회 일치를 중요하게 여겼기 때문에 모든 교회의 기도문을 통일시키려고 했다. 그리하여 작성된 것이 《공동 기도서》(Book of Common Prayer)다. 기도문을 포함해 잉글랜드 교회의 주요 예식을 모두 모아 둔 예식문이다.

잉글랜드 교회의 《공동 기도서》는 로마 교회의 누룩을 제거했다는 점에서는 훌륭한 기도서였다. 무엇보다 라틴어가 아니라 영어로 작성되어 신자들이 쉽게 읽을 수 있었다. 더 나아가, 여기에 담긴 기도문은 거의 대부분 시편이나 다른 성경에 나오는 기도문이었다. 내용만 따지면 크게 문제 될 것이 없었고, 이전 로마 교회의 기도문에 비해서는 훨씬 개혁된 기도문이었다. 하지만 이 기도문이 각 교회에 획일성을 강조한다는 점에서 문제가 되었다. 이 점에 대해 가장 문제를 제기한 사람들이 청교도였다.

일반적으로 청교도들이 《공동 기도서》 자체를 반대했다고 알려져 있는데, 이 견해는 수정이 필요하다. 청교도들이 주로 반대한 것은 《공동 기도서》의 획일적 사용이었다. 비록 《공동 기도서》가 잘 만들어진 기도서이기는 하지만, 신자들은 성경에 따라 더 나은 기도를 할 수 있는 자유를 주님으로부터 받았다고 생각했다. 청교도들은 신앙과 예배에 있어 오직 성경만 신자의 양심을 구속할 수 있다고 보았기 때문에, 국가나 교회가 기도문을 개교회에 강제할 수 없다고 생각했다. 그 결과, 청교도들은 마음에서 떠오르는 대로 기도하는 '즉시적 기도'(extemporary prayer)를 선호했다.

청교도적인 신앙을 전수받은 한국 교회는 통성 기도와 같은 즉시적 기도가 보편화되었다. 예배 시간에 기도문 없이 대표 기도를 하는 경우도 많다. 만약 한국 교회 교인들에게 성공회처럼 기도문을 가지고 기도하라고 하면 매우 어색하게 느낄 것이다. 하지만 즉시적 기도는 스스로 기도할 수 있는 성도가 많을 때에는 별 문제가 없지만, 명목상의 신자들이 늘어날 경우에는 문제가 될 수도 있다. 요즘 수련회에 참석해 보면 열성적으로 기도하는 소수와 그냥 가만히 눈 감고 있는 다수로 나뉜 모습을 자주 본다. 이전과 달리 이제 성도들에게 유익한 기도문이 필요한 시기가 되었을지 모른다.

지침이 사라진 기도

잉글랜드 혁명 기간 동안 청교도들은 교회를 개혁하며 웨스트민스터 신앙 고백서를 작성했을 뿐 아니라, 그 신앙 고백에 근거해 '공예배 지침'(The Directory for the Public Worship)을 작성함으로 예배와 기도의 개혁을 함께 도모했다. 이 예식서는 《공동 기도서》가 강제한 획일적인 형식이 아니라, 자유의 남용이나 오용을 제한하는 지침(directory)이었다. 이 지침들은 개체 교회들이 그대로 따라 하도록 작성되지는 않았다. 청교도들은 기도에 있어서 신자의 자유가 가져

올 위험성을 충분히 인식했다. 따라서 획일성과 방종 사이에 중도적 균형(즉, 지침)이 요구되었다.

청교도들에게 즉시적 기도가 가능했던 이유는, 그들이 신학적으로 충분히 성숙되어 있었기 때문이다. 그들은 기도할 때 개인적인 감정에 휩쓸리지 않았다. 말씀을 철저히 훈련했기 때문에 하나님의 말씀에 따라 기도하는 것이 너무나 자연스러웠다. 아쉽게도 오늘날 한국 교회, 특히 장로교회는 '지침'의 전통이 사라졌다. 그 결과, 자기 소견에 옳은 대로 기도하는 문화가 계속 뿌리를 내리고 있다. 무엇보다 기도가 말씀으로부터 점점 멀어지고 있다. 이를 극복하기 위해 기도를 위한 좋은 지침서들이 계속 발간될 필요가 있다.

성경 읽기,
어떻게 회복할 것인가

개신교는 책의 종교다. 이것은 로마 교회와 개신교를 구분하는 중요한 차이점 중 하나다. 종교 개혁 이전만 하더라도 성경은 신자들에게 닫힌 책이었다. 예배 시간에 화려하게 장식된 성경 책을 향해 무릎을 꿇거나 기도하는 신자가 많았지만, 그 내용은 거의 알지 못했다. 성경 책 자체가 엄청나게 비쌌을 뿐 아니라 라틴어로 기록되어 있었기 때문에 전문적으로 교육을 받은 사람만 읽을 수 있었다. 성경을 허락 없이 번역하는 경우에는 화형을 당하기도 했다. 그 대표적인 인물이 성경 번역의 선구자였던 윌리엄 틴들(William Tyndale)이다.

종교 개혁이 신자의 삶에 가져온 가장 중요한 변화는, 성도들이 어디서든지 원하기만 하면 성경을 읽을 수 있게 되었다는 사실이다. 이전 신자들은 설교자의 설교가 진리인지 거짓인지 분별하는 것이 근본적으로 불가능했다. 이로 인해 교회 안에는 비성경적인 전통이나 미신이 점진적으로 가득 차게 되었다. 그러나 신자들이 성경을 읽으면서 진리를 깨닫게 되었고, 교회는 말씀의 진리에 따라 개혁될 수 있었다.

초기 한국 교회의 성장 배경에도 성경이 있었다. 선교사들은 일찍부터 한글의 탁월성을 파악했다. 대표적인 예로, 언어에 뛰어났던 스코틀랜드 선교사 존 로스(John Ross)는 한국 사람도 하지 않았던 한글 사전과 한글 문법책을 만주에서 편찬했다. 그 결과, 선교사가 조선 땅에 들어오기 전에 성경이 먼저 번역될 수 있었다. 그 유명한 1907년 대부흥 운동도 성경을 공부하는 사경회에서 시작되었다. 한국 교회에는 성경을 읽고 공부하는 전통이 일찍부터 뿌리를 내렸으며, 1980년대부터 불기 시작한 QT 운동도 교회 안에 보편적으로 자리를 잡았다.

하지만 안타깝게도 책을 읽지 않는 시대가 되었다. 우리나라 성인 중 1년 동안 책을 한 권도 읽지 않는 비율이 60퍼센트를 넘어서고 있다. 이 점에 있어서 신자도 크게 다르지 않을 것이다. 목사들은 과연 책을 많이 읽을까? 별로 차이가 없을 것이라는 생각이 드는 것은 나뿐만이 아닐 것이다. 그나마 신자들은 성경이라도 읽는다는 점에서 조금 나을 것이라 생각한다. 신자라면 평소에 성경을 읽지 않더라도, 성경을 읽어야 한다는 의무감은 갖고 있을 것이다.

성경 읽기도 예전만큼 힘을 얻지 못하는 것 같다. 이는 한국 교회의 쇠퇴와 연결된다. 요즘 신학생은 예전에 비해 성경에 대한 지식이 현저하게 감소했다. 주일학교 교육의 약화로 요즘 세대는 성경 지식이 매우 빈약하다. 실제로 야곱의 아들과 예수님의 아버지를 구분하지 못하는, 요셉을 모르는 세대가 등장하고 있다. 성경을 읽어도 이해되지 않고, 이해되지 않으니 재미가 없고, 재미가 없으니 읽으려는 마음도 생기지 않는다. 성경을 배워야겠다는 열정은 있으나 정기적으로 읽지 않는다. 아니, 성경을 읽지 못한다고 말하는 것이 정확한 표현일 것이다.

성경: 기록된 하나님의 말씀

교회 안에서 성경 읽기가 회복되려면 먼저 성경 자체에 대한 정확하고 명료한 인식이 필요하다. 성경에 대한 이해가 분명하지 않으니 성경의 중요성에 대한 인식도 흐려질 수밖에 없다. 성경이 무엇인지 물으면 대부분의 신자는 '하나님의 말씀'이라고 막연하게 답할 것이다. 그러나 "성경이 하나님의 말씀이라는 것이 도대체 무슨 의미인가?"라고 질문하면 제대로 답하지 못하는 경우가 적지 않다. "성경에는 하나님의 말씀뿐 아니라 인간의 말, 심지어 사탄의 말("명하여 이 돌들로 떡 덩이가 되게 하라"[마 4:3])도 들어 있는데, 어떻게 성경 전체가 하나님의 말씀일 수 있는가?"라고 질문하면 당황하기도 한다.

하나님의 말씀은 하나님과 그분의 뜻을 드러내는 계시라고 할 수 있다. 그중 일부는 창조와 섭리를 통해 계시되었지만, 우리의 구원과는 무관한 계시다. 창조의 아름다움을 보면서 하나님의 선하심에 대해 감사할 수는 있지만, 그것을 통해서 구원받을 수는 없다. 그렇기 때문에 하나님은 여러 가지 특별 계시를 통해 구원에 이르는 지식을 백성에게 전하셨다. 어떤 경우에는 꿈이나 환상, 홍해를 마르게 하는 기적을 통해 메시지를 전하기도 하시고, 선지자들을 통해 직접 말씀하기도 하셨다.

특별 계시를 통해 나타난 하나님의 뜻은 두 가지 방식으로 후세대에게 전달되었다. 하나는 구전을 통해 전달되었고, 다른 하나는 기록으로 전달되었다. 시간이 지나면서 구전을 통한 특별 계시는 점점 흐려지다가 결국 사라졌고, 기록된 계시만 남게 되었다. 이 기록된 계시가 바로 성경이다. 따라서 성경은 기록된 하나님의 말씀이고, 이 말씀에 근거해 선포되는 말씀을 설교라 하며, 이 말씀이 성례로 시행될 때 '보이는 말씀'(the visible word)이라고 부른다. 보이는 말씀, 선포된 말씀, 기록된 말씀은 궁극적으로 성육신하신 하나님의 말씀, 즉 예수 그리스도를 지향해야 한다. 이것은 성경을 읽는 성도들이 알아야 할 기본 지식이다.

최고의 규범

성경이 기록된 하나님의 말씀이라는 말은 기본적으로 성경의 제1 저자가 하나님임을 의미한다. 물론 성경은 선지자나 사도들이 기록했다. 하지만 만약 그들만이 최종 저자라면, 성경은 온전한 하나님의 말씀일 수 없고, 신뢰할 수도 없다. 우리는 성경의 가르침에 따라 모든 성경이 하나님의 감동으로 기록되었다고 믿는다. 그렇기에 그 속에는 어떤 오류도 있을 수 없으며, 성경이 말하는 바를 전적으로 신뢰할 수 있다. 성경이 정확무오한 하나님의 말씀이라는 확신이 있어야 그 속에 담긴 내용도 참된 진리임을 확신할 수 있다.

정확무오한 하나님의 말씀인 성경은 신자들에게 신앙과 행위의 유일한 최고 규범이 된다. 이는 성경을 읽는 데 있어서 매우 중요한 지침이 된다. 최고의 규범으로서의 성경은 다른 책들과 근본적으로 다르다. 다른 책들도 중요한 진리를 담고 있으며, 이를 읽는 사람들에게 많은 유익을 주기도 한다. 하지만 그것을 읽는 독자들이 그 내용을 그대로 따라야 할 의무는 없다. 걷기가 몸에 좋다는 것을 탁월하게 설명하는 책을 읽고 나서 그 내용에 전적으로 동의했다 하더라도, 실제로 걷기 운동을 하는 것은 전적으로 본인이 결정할 문제다. 그 내용대로 따라 하지 않는다고 해서 도덕적 책임을 지는 것도 아니다.

성경은 건강백과사전과 다르다. 하나님의 말씀으로서 성경은 믿음과 삶에 있어서 최고의 절대적 규범이기 때문에, 이를 읽고 그 내용을 아는 순간 독자에게는 그 내용을 진리로 믿고 순종해야 할 의무가 생긴다. 따라서 성경을 단지 호기심이나 궁금증으로 읽어서는 안 된다. 신자들이 어떤 문제에 대해 하나님의 뜻을 정말 알고자 성경을 읽고 그 뜻을 알았다면, 그것이 자신의 생각과 다르더라도 순종하려는 태도가 있어야 한다.

성경의 주된 내용

성경이 하나님의 말씀이고, 믿음과 삶에 있어서 절대적인 기준이라는 사실은 성경을 어떻게 읽어야 할 것인가에 대한 또 하나의 지침을 제공한다. 이를 웨스트민스터 소교리문답은 다음과 같이 잘 정리했다.

> **3문:** 성경이 가장 중요하게 가르치는 것은 무엇입니까?
> **답:** 사람이 하나님에 대해 믿어야 할 것과 하나님께서 사람에게 요구하시는 의무입니다.

소교리문답의 세 번째 질문은 성경의 핵심 내용이 무엇인지에 대한 것이다. 이것은 성경을 읽고 이해할 때 대단히 중요하다. 어떤 책을 읽을 때, 그 책의 중심 내용이 무엇인지 알고 읽는 것과 모르고 읽는 것에는 큰 차이가 있다. 성경을 열심히 읽는다고 해서 그 중심 내용을 쉽게 알 수 있는 것은 아니다. 성경과 같이 방대한 책을 무턱대고 읽다 보면 그 안에서 헤매기 쉽다. 성경의 중심 내용을 벗어나 지엽적인 내용에 매달리면 이단이나 사이비에 쉽게 빠질 수도 있다. 따라서 성경을 읽기 전에 그 핵심 내용이 무엇인지를 먼저 알아야 한다. 성경이 하나님의 말씀이라면, 당연히 성경의 핵심 내용도 '하나님 중심'이 될 수밖에 없다. 그렇다면 성경을 읽을 때 신자들은 무엇보다 하나님이 어떤 분인지, 그 하나님이 우리에게 무엇을 요구하시는지 알고자 하는 열망으로 가득 차야 한다.

성경의 가장 중요한 가르침이 하나님에 대한 신앙과 그분에 대한 순종이기 때문에, 소교리문답은 이 두 가지를 체계적으로 정리해 제시한다. 간단히 말하면, 하나님은 성부, 성자, 성령, 곧 삼위일체 하나님이시며, 그 하나님께서 인간에게 요구하시는 것은 도덕법이다. 따라서 소교리문답은 삼위일체 하나님의 사역을 설명하는 제1부와 도덕법의 요약인 십계명 및 그 십계명과 연관된 은혜의 외적인 수단(말씀, 성례, 기도)을 다루는 제2부로 구성된다.

이 점에서 소위 '오늘 나에게 주시는 말씀'이라는 개념은 점검이 필요하다. 이같은 사고방식은 성경을 읽는 신자로 하여금 개인주의에 빠지게 할 수 있다. 그렇게 되면 나와 관계없는 성경 내용에는 별 관심을 두지 않게 된다. 자기중심적 성경 읽기는 성경을 경건 서적의 수준으로 떨어뜨릴 뿐이다. 물론 이런 성경 읽기가 신앙생활에 전혀 도움이 되지 않는 것은 아니지만, 하나님의 말씀으로 읽는 것은 아니라는 점이 문제다. 즉 오늘날 성경 읽기의 가장 큰 문제는 삼위일체 하나님이 전혀 고려되지 않는다는 점이다.

이 점에서 성경 시대와 가장 가까이 살았던 교부들의 성경 읽기를 참고할 필요가 있다. 상당수 교부들에게 성경을 읽는 가장 중요한 목적은 하나님이 누구신지 더 깊이 아는 것이었다. 대표적인 예로 아우구스티누스의 《고백록》은 하나님이 누구신가에 대한 묵상으로 가득 차 있다. 물론 우리도 하나님에 대한 관심이 없는 것은 아니다. 하지만 우리의 주된 관심은 '사랑이 많으신 하나님', '용서하시는 하나님'에 머물러 있을 뿐이다. 그러나 교부들은 성경 읽기를 통해 최종적으로 성부, 성자, 성령, 곧 삼위일체 하나님과의 교제로 나아가기를 원했다.

도덕법과 은혜의 수단 중 기도의 중요성에 대해서는 교회에서 많이 강조하지만, 성례의 중요성은 무시되는 경향이 많기 때문에 이 문제에 대해서도 간단히 언급할 필요가 있다. 아쉽게도 오늘날 교회에서는 성례를 제대로 가르치지도, 시행하지도 않는다. 이와 같은 교회의 모습은 성경 읽기에도 큰 영향을 미친다. 예를 들어, 홍해 사건은 신약의 관점에서 볼 때 세례와 분리되어 해석될 수 없다(고전 10:1-2). 노아의 홍수 역시 마찬가지다(벧전 3:21). 세례의 관점을 놓치면, 노아의 홍수나 홍해의 기적은 그저 신화나 역사에 불과할 뿐이다. 엠마오로 가는 두 제자 이야기(눅 24장) 역시 성찬의 의미가 빠지면 그저 감동적인 스토리에 지나지 않는다.

성경의 주된 목적

성경의 주된 내용과 목적은 서로 밀접하게 연결되어 있다. 사도 바울은 디모데에게 성경의 목적을 명확하게 설명했다.

"또 어려서부터 성경을 알았나니 성경은 능히 너로 하여금 그리스도 예수 안에 있는 믿음으로 말미암아 구원에 이르는 지혜가 있게 하느니라 모든 성경은 하나님의 감동으로 된 것으로 교훈과 책망과 바르게 함과 의로 교육하기에 유익하니 이는 하나님의 사람으로 온전하게 하며 모든 선한 일을 행할 능력을 갖추게 하려 함이라"(딤후 3:15-17).

성경의 목적은 하나님이 누구신지를 가르쳐 우리로 하여금 구원에 이르게 하고, 그분의 뜻을 가르쳐 우리로 하여금 모든 선한 일을 하도록 하기 위함이다. 따라서 성경을 읽을 때 이 목적을 잊어서는 안 된다. 성경을 많이 안다고 해서 구원에 대한 지식이 느는 것은 아니다. 심지어 예수님에 대한 지식도 구원에 이르게 하지 않을 수 있다. 예를 들어, 예수님께서 베들레헴에서 태어나셨다는 것은 참된 지식이지만, 이 지식이 우리에게 구원을 가져다주지는 않는다. 예수님의 탄생에 있어서 더 중요한 지식은 예수님께서 성령으로 잉태되어 동정녀 마리아에게서 나셨다는 것이고, 이 지식이 우리로 하여금 구원에 이르게 한다.

타락 이후 인간은 선에 대한 지식을 상실했다. 그 결과, 인간은 무엇이 진정한 선인지 제대로 알 수 없게 되었다. 그렇기 때문에 우리는 성경을 통해 참된 선을 배워야 한다. 구원도 중요하지만, 선행도 그에 못지않게 중요하다. 선행이 없어도 구원을 받는다는 말이나 구원받은 사람이 죄를 전혀 짓지 않는다는 말은 거짓이며, 구원받은 사람은 저절로 선을 행할 수밖에 없다는 말도 부적절하다. 구원받은 신자들은 자신의 죄를 인정하면서 성경을 통해 선이 무엇인지, 선을 행하려면 무엇이 필요한지를 늘 배우며 하나님께 영광을 돌리는 삶을 살아야 한다.

성경의 목적은 성경을 어떻게 읽어야 하는가에 대한 중요한 지침이 된다. 흔히 성경을 많이 읽다 보면 언젠가는 저절로 깨닫게 된다고 하는데, 이것이 전혀 틀린 말은 아니지만 부적절한 표현이다. 성경이 하나님의 말씀이고 우리의 구원을 위한 책이라면, 그에 걸맞게 성경을 읽어야 한다. 웨스트민스터 대교리문답은 이에 대해 매우 중요한 지침을 제공한다. 157문답은 말씀이 구원을 위해 효과적으로 사용되기 위해서는 어떻게 성경을 읽어야 하는가를 질문한 후에 다음과 같이 대답한다.

성경은 존귀하게 여기고 경외하는 마음을 가지고(with an high and reverent esteem of them), 성경이 바로 하나님의 말씀이고[1] 하나님만이 우리로 하여금 성경을 깨닫게 하실 수 있다는 굳은 확신을 가지고, 거기에 계시되어 있는 하나님의 뜻을 알고, 믿고, 순종하고자 하는 열망을(desire) 가지고, 부지런히 성경의 내용 및 의도에 주의하면서, 묵상과 적용과 자기 부정과 기도로 읽어야 합니다.

---

1 베드로후서 1:19-21 참조.

성경은 이해하기 어려운가

성경은 하나님의 말씀으로서 우리의 구원을 위한 절대적 규범이지만, 그 핵심 내용을 이해하기 어렵다면 신자들에게 큰 도움이 되지 않을 것이다. 이 주제는 교회사에서 늘 큰 논쟁이 되었으며, 종교 개혁 시대에 절정에 이르렀다.

초대 교회 당시 영지주의자들은 성경이 본질적으로 어려운 책이라고 주장했다. 하나님의 말씀인 성경은 신비로울 수밖에 없기 때문에 특별한 해석 방법이 있어야 하며, 특별한 능력을 가진 사람만이 올바로 해석할 수 있다고 주장했다. 종교 개혁 당시 로마 교회 역시 이와 유사하게 성경은 어려운 책이어서 교회, 구체적으로는 교황만이 최고의 해석 권리를 가진다고 주장했다. 교육을 받지 못한 일반 신자들은 성경을 직접 읽어서는 안 되며, 반드시 사제에게 가르침을 받아야 한다고 주장했다. 성경 번역이 금지된 이유도 이와 같은 주장에 기반한다.

영지주의나 로마 교회의 주장도 어느 정도는 일리가 있는 것 같다. 성경은 이해하기 쉽지 않은 점이 상당히 많다. 100년 전에 기록된 책도 이해하기가 쉽지 않은데, 2천 년 전에 기록된 책을 어떻게 쉽게 이해할 수 있다는 말인가? 실제로 성경을 읽어 보면 어렵다는 느낌을 자주 받게 된다. 서점에는 성경 주석이 계속 판매되고 있으며, 해마다 성경 해석과 관련된 논문과 전문 서적이 엄청나게 쏟아져 나오고 있다. 성경이 이해하기 쉽다면 왜 이런 연구들이 필요하겠는가?

그러나 종교 개혁가들은 로마 교회의 가르침에 대항해 성경의 명료성(conspicuity)을 강하게 주장했다. 명료성의 기본적인 의미는, 성경의 핵심 의미가 감춰지지 않고 드러나 있다는 것이다. 명료성에 대해 오해가 많은데, 웨스트민스터 신앙 고백서는 이를 다음과 같이 탁월하게 설명했다.

> 성경에 있는 모든 것이 그 자체로 똑같이 명료하지는 않으며 모든 사람에게 분명하지도 않다. 그러나 구원을 위해 우리가 반드시 알아야 하고, 믿어야 하고, 순종해야 하는 것은 성경 곳곳에서 분명하게 설명되고 공개되었기 때문에, 배운 사람뿐 아니라 배우지 못한 사람일지라도 일반적인 수단을 제대로 사용하면 그것들에 대한 충분한 이해에 도달할 수 있다(1장 7항).

성경의 모든 내용이 쉬운 것은 아니다. 아무리 쉬워 보여도 어떤 사람에게는 어려울 수 있다. 하지만 앞에서 언급했듯이, 구원을 위해 믿고 순종해야 하는 성경의 핵심 내용은 열심히 노력하면 누구나 충분한 이해에 도달할 수 있다. 따라서 일반 신자들은 평소에 성경을 배우기 위해 부지런히 노력해야 한다. 성경을 10년 넘게 연구한 어떤 신학박사는 예수님을 실패한 유대인 혁명가라고 확신할 수 있지만, 시골에 사는 80세 넘은 할머니도 예수님을 하나님의 아들로 믿고 자신의 구주로 영접할 수 있다. 예수님이 하나님의 아들이라는 것을 믿기 위해 전문적인 신학 지식이 필요한 것은 아니다.

설교와 성경 읽기

성경 읽기가 아무리 유익하다 해도 설교의 중요성을 약화시켜서는 안 된다. 성경의 많은 내용이 여전히 어렵기 때문에, 신실한 설교자의 도움이 매우 필요하다. 대교리문답 155문답은 "말씀이 어떻게 구원을 위해 효과적으로 사용됩니까?"라는 질문에 "하나님의 성령은 말씀을 읽는 것, 특히 말씀의 설교를 효과적인 수단으로 사용하십니다"라고 답한다.

따라서 성경 읽기와 설교 듣기는 같이 가야 한다. 이를 위해 성경을 해석하고 적용하는 설교자는 교인들보다 훨씬 더 부지런히 성경을 깊이 읽고 연구해야 할 것이다. 설교의 기본은 성경 읽기에서 시작되기 때문이다.[2]

---

2 설교자들이 어떻게 성경 본문을 읽어야 하는가에 대해서는 다음 저서를 참고하라. 이성호,
《설교는 생각보다 쉽게 늘지 않는다》(좋은씨앗, 2023), pp. 53-70.

몸,
성(性)에서 성(聖)으로

몸에 대한 무관심

기독교는 몸의 종교다. 아쉽게도 몸에 대한 성경의 교훈은 충분히 강조되지 않은 것 같다. 그 결과, 신자들은 구원에 있어서 몸이 가진 가치를 충분히 인식하지 못하고 있다. 성경적 기준이 없으니, 상당수 신자들은 그저 세속적 세계관에 따라 살아갈 뿐이다.

한편으로, 어떤 신자들은 지나치게 자신의 몸에 관심을 가진다. 젊은이들은 얼굴을 가꾸거나 몸매를 다듬기 위해 엄청난 돈을 지출하기도 하고, 나이 든 이들은 건강한 몸을 유지하는 데 온갖 관심을 기울인다. 하지만 몸이 가지고 있는 영적인 의미에 대해서는 별로 관심을 가지지 않는다.

몸에 대해서 중요하게 생각하지 않는 신자도 적지 않다. 기독교가 시작된 지 얼마 되지 않아, 2-3세기에 번성했던 영지주의라는 이단은 몸에 대해 상당히 부정적인 교리를 사람들에게 가르쳤다. 이들은 영혼은 거룩하지만 몸은 악하다고 주장했다. 이 가르침을 따르는 어떤 이들은 극단적인 금욕주의를 추구했고, 반대로 어떤 이들은 아예 쾌락주의에 빠지기도 했다. 몸이 구원에 있어서 배제 된다는 점에서는 둘 다 공통점을 가지고 있었다. 이와 같은 영지주 의적 사고는 여러 가지 변형된 형태로 신자들에게 교묘하게 자리 잡고 있기 때문에, 신자들은 바른 교리를 잘 배워 균형 잡힌 신앙생 활을 해야 한다.

몸을 본질적으로 악하게 보는 영지주의에 따르면, 기독교의 성 육신 교리는 구원자가 악인으로 태어났다는 것과 다름이 없었고, 몸의 부활은 악한 몸에 갇혀 영원히 죽지 않는 저주에 지나지 않았 다. 이러한 가르침에 대항해 정통 교회는 사도적 가르침으로 응전 했다.

정경이 아직 확정되지 않고 성경 책이 극도로 비쌌던 시절, 신앙 의 준칙으로 불렸던 교회의 신경들은 성경보다 이단의 공격을 방 어하는 데 훨씬 효과적이었다. 예를 들어, 대부분의 신경은 성령 과 동정녀 마리아를 통한 성육신 교리와 부활 교리를 고백했다. 이것은, 악한 육체를 가진 존재는 구원자가 될 수 없다고 주장하며 예수 그리스도의 성육신과 부활을 부정하는 영지주의 교리에 대한 완벽한 변증이었다.

몸의 창조

몸의 중요성을 알기 위해서는 인간이 어떻게 창조되었는지를 정확 하게 이해할 필요가 있다. 인간의 창조에 대해서 여러 가지로 말할 수 있지만, 가장 기본적인 교리는 인간이 하나님의 형상으로 창조되었다는 것이다. 하나님의 형상이라는 점에서 우리는 두 가지를 주목할 필요가 있다. 하나는 몸과 영혼을 창조하여 한 사람이 되게 하셨다는 것이고(흙으로 몸을 만들고, 코에 생기를 불어넣으심), 다른 하나는 남자와 여자를 만들어 한 몸이 되게 하셨다는 것이다. 이 두 사실에서 강조되는 것은, 전혀 상반된(결코 하나가 될 수 없는 것처럼 보이는) 두 요소가 하나가 되었다는 것이다.

하나님께서 창조하신 몸은 단순한 몸이 아니라, 하나님의 숨(영)이 거하는 처소가 되었다. 하나님의 영이 거하는 한 남자와 하나님의 영이 거하는 한 여자가 연합해서 한 몸이 된 이 하나 됨이야말로 삼위일체 하나님을 드러내는 참 형상이라 할 수 있을 것이다. 영으로만 창조된 천사들은 이 형상을 전혀 반영할 수 없다. 이 점에서 몸을 가진 인간이 천사보다 하나님의 형상에 더 가깝다고 할 수 있을 것이다.

창세기를 통해 우리는 아담과 하와가 벌거벗었으나 서로 부끄러워하지 않았다는 것을 보게 된다. 이것은 아담과 하와의 관계가 얼마나 친밀했는지를 보여 주는 동시에, 창조된 인간의 몸이 얼마나 순결했는지도 알려 주고 있다. 인간의 영혼뿐만 아니라 몸 역시 하나님의 거룩함과 영광을 나타냈다. 우리 몸에 있는 눈과 귀를 보면서, 신자는 단지 하나님이 그것들을 만드셨다는 것을 믿을 뿐 아니라, 하나님께서 우리의 모든 사정을 다 알고 들으시는 분이라는 것을 굳게 신뢰하게 된다(시 94:9).

타락과 몸

죄는 하나님께서 창조하신 모든 것을 파괴했다. 타락으로 인해 영광스러운 창조는 수치스럽고 비참한 상태로 바뀌었다. 여기에 몸도 예외가 될 수 없었다. 영혼뿐만 아니라 거룩하고 순결하며 영광스러웠던 인간의 몸도 수치스럽게 바뀌었다. 선악과를 따 먹은 직후, 인간의 첫 부모에게 처음으로 일어난 일은 서로의 몸을 부끄러워했다는 것이다. 그중에서도 특히 생육과 번성의 복이 주어지는 통로인 생식기가 부끄러움의 주 대상이 되었다. 이전에는 출산이 복이었지만, 이제 출산은 저주가 되었다. 출산은 단지 왕이신 하나님에 대한 반역자의 증가 이상의 의미를 가질 수 없었다.

죄가 인간의 몸에 끼친 가장 큰 영향은 죽음이다. 그 결과, 몸은 창조 때의 아름다움을 유지할 수 없게 되었고, 나이가 들수록 약해지거나 추하게 된다. 아무리 건강한 몸이라도 병으로 고통을 받으면 그 마지막은 결국 죽음이다. 죽음의 기본적인 정의는 몸과 영혼의 분리이며, 영혼이 떠난 몸은 추하고 냄새 나는 더러운 시체일 뿐이다. 이렇게 볼 때, 죽음은 죄가 인간에게 준 가장 비참한 형벌이다.

죄는 관계에도 큰 영향을 주었다. 한 남자는 반드시 한 여자와 결합해서 한 몸을 이루어야 한다는 하나님의 규범도 더 이상 지켜지지 않게 되었다. 우리는 그 대표적인 예를 가인의 후예인 라멕에게서 보게 된다. 그는 두 명의 아내를 두었으며, 그들에게 자신의 힘을 노래로 자랑했다. 라멕뿐 아니라 아브라함과 야곱과 이삭도 여러 명의 아내를 두었는데, 이와 같은 일은 하나의 관습으로 자리 잡아 더 이상 죄로 간주되지 않았다.

교회 안에서의 음행[1]

죄가 보편적인 사회 현상으로 자리 잡은 상황에서도 하나님은 당신의 백성을 거룩한 제사장으로 부르셨다. 그러나 많은 사람이 세례를 받고 교인이 된 뒤에도 옛 습관을 그대로 지니고 있었다. 그 대표적인 예가 고린도교회다. 여러 가지 질문이 제기될 수 있다. "남녀가 서로 좋아서 즐기는데 무엇이 잘못되었는가?", "왜 한 명의 남자가 한 명의 여자하고만 살아야 하는가?", "사랑하지도 않는데 억지로 함께 사는 것이 진정한 행복이라고 할 수 있는가?" 처음 들으면 황당한 질문이라고 생각되지만, 극단적 개인주의가 만연한 오늘날 이러한 질문에 근거를 가지고 설득력 있게 답을 제시하는 것은 쉽지 않다.

사도 바울은 음행의 죄를 짓는 형제들을 교회에서 쫓아내고, 그런 사람과 사귀지 말라고 엄히 명했다. 그러자 어떤 신자는 "세상에 있는 모든 사람이 그렇게 살고 있는데, 그렇다면 세상 밖으로 나

1 이성호, 《결혼한 자들에게 내가 명하노니》, 9장 음행의 사악함: "너희 몸은 성령의 전인 줄 알지 못하느냐?"(그책의사람들, 2020), pp. 172-192.

가야 합니까?"라고 반문했다. 이 반문은 어느 정도 설득력이 있었지만, 그는 중요한 점을 놓치고 있었다. 신자는 당연히 성적으로 문란한 삶을 사는 비신자와도 교제하며 살아야 한다. 하지만 그 문란한 삶을 사는 사람이 신자라면 문제가 달라진다. 바울 사도의 의도는, 자신이 신자라고 고백하면서도 행함에 있어 비신자와 전혀 다를 바 없는 사람은 교회에서 쫓아내야 한다는 것이다.

똑같은 죄를 짓는다 해도, 그 죄를 범하는 사람이 누구인가에 따라 영향은 달라진다. 비신자가 짓는 죄는 신자에게 직접적인 영향을 주지 않으며, 본인만 조심하면 된다. 그러나 신자가 짓는 죄는 동료 신자에게 영향을 미친다. 그 핵심적인 이유는, 신자가 그리스도의 지체로서 한 몸을 이루기 때문이다. 한 신자가 짓는 죄는 그한 명에서 끝나지 않고, 그 신자가 속한 교회 공동체에 심각한 영향을 미친다. 만약 그 죄를 그대로 둔다면, 교회 전체가 큰 어려움에 빠질 수밖에 없다.

그리스도의 몸: 성육신, 성찬, 교회[2]

타락한 인간을 구원하기 위해 그리스도께서 오셨다. 그리스도께서 죄인을 구원하기 위해 가장 먼저 하신 일은 물리적인 혹은 자연적인(physical/natural) 몸을 취하는 것이었다. 이것을 우리는 '성육신'이라 부르는데, 성육신은 구원의 첫 출발점이라 할 수 있다. 이 성육신의

---

2 이성호, 《성찬: 배부름과 기쁨의 식사》(좋은씨앗, 2023), pp. 65-73.

복음이 없었다면 우리가 구원받을 수 있는 길은 없었을 것이다. 물론 몸을 취한 것 자체가 우리의 구원이 될 수는 없다. 그러나 중보자 그리스도는 취하신 그 몸으로 세상에서 고난을 받으시고, 십자가에서 저주와 수치를 당하며 마침내 죽음에 이르셨다. 이로써 죄인인 인간이 치러야 할 모든 형벌을 대신하셨다. 이 속량의 사역은 그리스도께서 몸을 취하지 않으셨다면 결코 이루어질 수 없는 일이었다.

십자가에서 이루신 그리스도의 구속 사역은 오늘 우리에게 적용되어야 한다. 적용이 없다면 십자가는 우리에게 아무런 유익이 되지 않을 것이다. 이를 위해 그리스도께서는 잡히시던 밤에 성찬을 제정하셨다. 성찬을 제정하신 최후의 만찬에서 주님은 "이것은 너희를 위하는 내 몸"(고전 11:24)이라고 말씀하셨다. 이 구절을 올바로 해석하는 일은 결코 쉽지 않다. 종교 개혁 당시 이 짧은 구절에 대한 해석이 달랐기 때문에 교회가 여러 개로 분리되기도 했다.

성찬에서 사용되는 떡은 그리스도의 몸이라 불린다. 이는 그리스도의 실제 육체와는 구별되는, 성례전적(sacramental)인 몸이라 할 수 있다. 십자가에서 죽으신 그리스도의 몸은 단순히 우리의 죗값을 치렀을 뿐 아니라, 이제 신자를 위한 영원한 생명의 양식이 된다. 그래서 예수님은 이렇게 말씀하셨다. "나는 하늘에서 내려온 살아 있는 떡이니 사람이 이 떡을 먹으면 영생하리라"(요 6:51). 그러자 유대인들이 "이 사람이 어찌 능히 자기 살을 우리에게 주어 먹게 하겠느냐"라고 반문했다(요 6:52). 이 질문에 대해 예수님은 다음과 같이 대답하셨다. "인자의 살을 먹지 아니하고 인자의 피를 마시지 아니하면 너희 속에 생명이 없느니라 내 살을 먹고 내 피를 마시는 자는 영생을 가졌고 마지막 날에 내가 그를 다시 살리리니 내 살은 참된 양식이요 내 피는 참된 음료로다"(요 6:53-55). 예수님의 대답 속에서 우리는 확실한 사실을 알 수 있다. 그리스도의 살과 피는 참된 양식과 음료이기 때문에, 그것을 먹지 않으면 생명이 없다는 것이다. 그리스도께서 어떻게 이 일을 하실 수 있는가는 상대적으로 중요한 질문이 아니다.

그리스도의 성례전적인 몸과 더불어 중요한 것은 그리스도의 신비적인(mystical) 몸인 교회다. 예수님의 승천과 오순절 성령 강림으로 신약 교회가 형성되었으며, 이 교회는 그리스도의 몸으로 불린다(엡 1:23; 골 1:18). 흥미롭게도 그리스도께서 성령으로 잉태되었듯, 그분의 몸인 교회 역시 성령으로 설립되었다. 성령으로 설립된 교회는 성령의 전이기도 하다. 교회에 임하신 성령은 이제 그리스도의 각 지체인 신자에게도 내주하여 그들을 성전으로 변화시키신다.

우리의 구원을 정확히 이해하기 위해서는 그리스도의 몸에 보다 관심을 가질 필요가 있다. 그리스도의 몸에 무관심하면, 우리는 구원을 지나치게 영적이거나 지성적으로만 이해할 위험에 빠질 수 있다. 구원은 단지 영혼의 구원만을 의미하지 않는다. 영혼 구원이라는 구호의 늪에 빠지면, 신자들은 세상에서의 삶과 자신들의 행위에 대해 점점 무관심하게 된다. 이 점에 있어서 우리는 "주는 몸을 위하여 계시느니라"(고전 6:13)라는 말씀을 놓치지 말아야 한다.

우리의 몸: 그리스도의 지체 & 성령의 전

구원의 결과, 우리 영혼뿐 아니라 몸도 변화되었다. 사도 바울은 우리의 '몸'이 그리스도의 지체이며 성령의 전이라는 사실을 강조한다(고전 6:15, 19). 다시 한번 강조하지만, 바울은 신자의 몸이 얼마나 중요한지를 계속 지적한다. 영혼 중심적인 구원론은 틀린 것은 아니지만 대단히 미흡하다. 이와 같은 구원론은 우리의 삶을 변화시킬 수 없다. 이 구원론에 따르면, 구원이란 단지 생각의 변화일 뿐이다.

몸이 그리스도의 지체이며 성령의 전이라는 바울의 가르침은 우리에게 몸에 대해서 주목하게 한다. 당신은 몸을 어떻게 생각하는가? 별로 고귀하게 생각하지 않을 수 있다. 실제로 예수를 믿기 전과 믿은 후의 영혼은 크게 달라졌을 수 있으나, 우리 몸은 아무런 변화를 거치지 않는다. 더 예뻐진 것도 아니고, 더 튼튼해진 것도 아니다. 그러나 사도적 가르침에 따라, 믿음으로 우리는 우리의 연약하고 미천한 몸이 그리스도의 지체이며 성령의 전이라는 것을 확신할 수 있다.

우리 몸이 그리스도의 지체라는 교리가 우리 삶에 어떤 영향을 미칠 수 있을까? 우리 몸이 그리스도의 지체임을 정말 믿는다면, 그 지체를 가지고 창녀의 지체를 만들 수 없다(고전 6:15). 그렇다면 창녀의 지체를 만든다는 것은 무엇을 의미하는가? 그것은 창녀와 합하는 것, 즉 성관계를 의미한다. 여기서 우리는 성(sex)이 무엇인지를 잘 이해할 필요가 있다. 이것을 제대로 이해하지 못하면 성경의 가르침을 올바로 이해할 수 없으며, 성에 대한 세상의 가르침대로 따라갈 수밖에 없다.

타락으로 인해 우리는 성에 대한 바른 이해를 상실했다. 성은 경험적으로 얻을 수 있는 지식이 아니다. 예를 들어, 성 경험이 많은 사람이 독신으로 지내는 사람보다 성에 대해 더 많이 안다고 할 수 있을까? 성이 주는 쾌락은 많이 즐겼을지 모르지만, 그것으로 얻은 성에 대한 지식은 왜곡된 지식일 뿐이다. 성에 대한 올바른 지식은 오직 하나님의 말씀을 통해서만 얻을 수 있다.

바울 사도에 따르면, 성이란 두 사람을 한 몸으로 만드는 수단이다. 이를 증명하기 위해 바울은 창세기 2장 24절을 인용한다. "둘이 한 몸을 이룰지로다." 이 구절에서 성이 명시적으로 언급되지는 않지만, 다음 구절에서 우리는 둘이 한 몸을 이루게 하는 것이 성이라는 것을 분명히 추정할 수 있다. "두 사람이 벌거벗었으나 부끄러워하지 아니하니라"(창 2:25). 바울은 이 성경 말씀에 근거해, 창녀와 합하는 자는 그와 한 몸이라고 규정한다. 그리스도의 지체인 우리의 몸으로 성관계를 통해 창녀와 합하는 것은 우리의 몸을 창녀의 지체로 만드는 것이다. 이 가르침에 따르면, 음행은 단순한 도덕적 부정이나 배우자에 대한 배신 이상을 의미한다. 음행은 그리스도의 지체를 창녀의 지체로 만드는 심히 가증스러운 행위다.

군에 입대하고 나서 충격적인 사실을 알게 되었다. 비신자들 대부분은 군 입대 전에 여자 친구가 없으면 친구들과 홍등가에 가서 '총각 딱지'를 뗀다는 것이었다. 어려서 교회 안에서만 자란 나는 상상할 수 없는 일이었다. 믿지 않는 청년과의 결혼을 생각하는 자매들은 이 점을 꼭 기억하기 바란다. 요즘에는 대학가에서 동거가 자연스럽게 이루어지고 있으며, 심지어 믿음의 청년들도 성에 대해 자유롭게 생각하고 있다. 가장 큰 이유는, 교회가 성에 대해 제대로 가르치지 않기 때문이다. 교회가 성을 윤리적 측면에서만 가르친다면, 세상과 크게 다를 바가 없을 것이다.

적어도 교회는 성경의 분명한 교리를 청년들에게 다음과 같이 가르쳐야 한다.

첫째, 구원이란 믿음으로 그리스도와 연합하여 신비적인 몸(교회)을 이루는 것이다.

둘째, 이 연합에는 우리의 영혼뿐 아니라 몸도 포함된다.

셋째, 믿음으로 우리의 몸은 그리스도의 존귀한 지체가 된다.

넷째, 그런데 하나님께서 창조하신 성은 두 사람을 한 몸이 되게 한다.

다섯째, 따라서 음행은 그리스도의 순결한 지체를 더럽히는 것이다.

구원의 결과, 그리스도의 지체가 된 우리 몸은 또한 성령의 전이 된다. 이것은 성전에 대한 유대교적 이해를 근본적으로 바꾼다. 원래 모세가 세웠던 성막은 다윗과 솔로몬에 의해 성전으로 바뀌었다. 성막이 천으로 만들어졌다면, 성전은 돌로 만들어졌다. 그러나 구약의 성전은 그 기능을 다했기 때문에 신약의 성전인 교회로 바뀌었다. 구약의 성전과 마찬가지로 신약의 성전도 돌로 구성된다. 하지만 구약의 성전과 달리 신약의 교회는 죽은 돌이 아니라 살아 있는 돌, 즉 성도들로 구성된다. 이 때문에 사도 베드로는 성도들에게 다음과 같이 명한다. "너희도 산 돌같이 신령한 집으로 세워지고 예수 그리스도로 말미암아 하나님이 기쁘게 받으실 신령한 제사를 드릴 거룩한 제사장이 될지니라"(벧전 2:5).

거룩한 제사장으로서 신자는 하나님을 기쁘시게 하기 위해 제사, 즉 예배를 드려야 한다. 돌로 만든 성전에서 구약의 제사장들은 동물의 피로 희생 제사를 드렸다. 하지만 이 제사는 대제사장이신 그리스도께서 단번에 드리셨기 때문에 신약의 제사장에게는 더 이상 적용되지 않는다. 그러나 그리스도의 희생 제사에 근거해 우리가 드려야 할 제사가 남아 있다. 그것은 바로 감사의 제사이며, 이때 드릴 우리의 제물은 우리의 몸이다.

그 유명한 구절에서 바울 사도는 로마교회 성도들에게 다음과 같이 말한다. "그러므로 형제들아 내가 하나님의 모든 자비하심으로 너희를 권하노니 너희 몸을 하나님이 기뻐하시는 거룩한 산 제물로 드리라 이는 너희가 드릴 영적 예배니라"(롬 12:1).

여기서 주목해야 할 단어는 '너희의 몸'이다. 중생한 이후 신자의 몸은 하나님께서 기뻐하시는 제물이 된다. 이를 위해 신자는 자신의 몸을 거룩하게 해야 한다. 거룩하신 하나님은 거룩한 제사장과 거룩한 제물을 원하시기 때문이다. 이 점에서 구약과 신약의 차이는 전혀 없다.

타락했을 당시, 이스라엘 백성은 우상 숭배를 통해 성전을 더럽혔다. 그 대표적인 예를 우리는 에스겔서 8장을 통해 알 수 있다. 에스겔이 본 환상에 따르면, 하나님의 성전의 모든 방은 우상으로 가득 차 있었다. 이 점에서 우리는 십계명의 제1계명을 보다 정확하게 기억할 필요가 있다. 원래의 의미를 살리면 제1계명은 "너는 내 앞에 다른 신들을 두지 말라"이다. '나 외에'와 달리 '내 앞에'라는 표현은 공간적 장소를 강조한다. '내 앞에'라는 말은 1차적으로 하나님이 계신 성전을 가리킨다. 이스라엘 백성은 하나님을 버리고 이방 신을 섬긴 것이 아니라, 성전에서 하나님도 섬기고 이방 신도 섬겼다. 간단히 말하면, 남편이 보는 앞에서 아내가 다른 남자와 몸을 섞은 것과 같다. 어찌 하나님의 불타는 진노와 심판을 면할 수 있었겠는가?

바울 사도는 고린도교회 성도들에게 우리의 몸이 하나님으로부터 받았을 뿐 아니라 값으로 샀다는 점, 따라서 우리의 몸은 우리의 것이 될 수 없음을 강조한다(고전 6:19). 우리의 몸은 성전과 같이 지극히 거룩하기 때문에, 성전을 더럽히면 하나님께서 반드시 그를 멸하실 것이다(고전 3:17). 그렇다면 우리의 몸을 더럽히는 죄는 무엇인가? 그것은 바로 음행이다. 다른 죄와 달리 음행은 자신의 몸에 죄를 짓기 때문이다. 따라서 음행은 단지 도덕적인 죄가 아니라, 근본적으로 신성 모독의 죄다. 자신의 몸이 얼마나 귀하고 거룩한지 모르면, 자기 몸을 아무렇게나 함부로 놀리게 된다.

몸으로 하나님께 영광 돌리라

사도 바울은 우리 몸으로 하나님께 영광을 돌리라고 권면한다. 이제 우리는 이 말씀을 제대로 이해할 수 있다. 사도 바울은 단지 착하게 살라고 말하는 것이 아니다. 믿음으로 그리스도와 연합한 신자의 몸은 제사장이며, 제물이고, 성전이다. 제사장인 신자는 거룩한 제물인 자신의 몸으로 하나님께 영광을 돌려야 한다.

그렇다면 구체적으로 어떻게 살아야 하는가? 소극적으로는 음행을 피하는 것이며, 적극적으로는 하나님께서 주신 유일한 아내와 깊은 사랑을 나누는 것이다. 하나님께서 주신 성은 거룩해야 하며, 우리는 이 거룩한 성으로 하나님께 영광을 돌려야 한다.

십자가에서 죽으신 그리스도의 몸은
단순히 우리의 죗값을 치렀을 뿐 아니라,
이제 신자를 위한 영원한 생명의 양식이 된다.

말,
한 입에서 나오는
찬송과 저주

신자는 어떻게 말해야 하는가

말은 소리다. 소리로 표현되는 말은 물리학적으로 볼 때 공기의 진동에 불과하다. 하지만 말은 단지 소리에 그치지 않는다. 말은 여러 면에서 다양한 방식으로 듣는 사람에게 영향을 준다. 어떤 경우에는 기쁨을 주기도 하지만, 어떤 경우에는 슬픔이나 분노를 야기하기도 한다. 야고보 사도의 표현을 빌리면, 한 입에서 찬송과 저주가 나온다. 심지어 똑같은 말이라도 누가 하는가에 따라, 누가 듣는가에 따라 완전히 상반된 반응이 나오기도 한다. 소리에 불과한 말이 이렇게 큰 힘을 갖는 이유는, 말이 메시지 혹은 영을 담고 있기 때문이다. 하나님의 말씀과 성령의 관계는 인간의 말과 영의 관계와 어느 정도 유사성을 가진다고 할 수 있다.

신앙이 영의 문제라면, 신앙이 신자의 삶에 가장 큰 영향을 주는, 아니 주어야 하는 영역은 말이다. 말은 마음속에 있는 생각이나 감정이 밖으로 표출된 것이다. 말과 마음은 분명히 구별되지만, 그렇다고 해서 완전히 분리되지는 않는다. 마음에 없거나 마음과 다른 말을 어느 정도는 할 수 있겠지만, 항상 그런 식으로 말할 수는 없다. 상대방에게 잘 보여야 할 때와 같은 특별한 상황이 아니라면 대부분의 경우 자기 생각대로 말을 한다. 만약 마음이 바뀌었다면 말도 바뀌게 된다. 마음이 바뀌었다고 하면서 정작 말은 그대로라면, 그 말은 신뢰할 수 없다.

신자들은 모여서 주로 무슨 말을 할까? 신자가 모여서 말하는 주제와 비신자가 모여서 말하는 주제가 다를까? 신자라고 해서 굳이 비신자와 대화의 주제가 달라야 할까? 일반화해서 말하는 것은 불가능하겠지만, 경험적으로 볼 때 신자의 대화와 비신자의 대화는 그렇게 다르지 않은 것 같다. 남자 신자들이 모이면 자연스럽게 재테크, 스포츠, 정치가 대화의 주제가 되고, 여자 신자들이 모이면 자녀 교육, 미용, 드라마가 대화의 주제가 되는 것을 쉽게 보게 된다.

물론 신자도 얼마든지 세상적인 주제에 관해서 이야기할 수 있다. 여기서 제기하는 문제는, 신앙이 언어 생활에 어떤 영향을 주는가다. 만약 정치에 대해 이야기하다가 서로 얼굴을 붉히며 대립한다면 비신자와 다를 바가 있겠는가? 자녀 교육에 대해 이야기하는 것도 좋지만, 어떤 학원이 좋다더라, 어떤 프로그램이 좋다더라와 같은 정보 교환만 이루어진다면 맘카페와 다를 바가 무엇이겠는가? 결국 신자들은 말이 난무하는 사회 속에서 어떻게 말을 하며 살아가야 하는지를 고민하지 않을 수 없다.

선거는 끝났으나

선거는 그야말로 말의 잔치다. 수많은 유의 말들이 난무한다. 난무한 말들은 잔치에서 전쟁으로 변한다. 선거를 전쟁에 종종 비유하는데, 선거는 말로 하는 전쟁이기 때문이다. 2024년에 행해진 22대 총선의 경우, 당시 여당과 야당 모두가 심판을 외쳤기 때문에 정책 선거가 완전히 사라졌다. 야당은 원래 여당을 견제하는 것이 그 기능이기 때문에 어느 정도 이해가 되지만, 여당마저 심판론을 주창한 것은 전례 없는 일이었다. 지난 전쟁에서 여당은 참패하고 야당은 대승을 거두었다. 이때 그리스도인은 어떻게 해야 할까? 여당을 지지한 신자는 마냥 분개하고, 야당을 지지한 신자는 마냥 기뻐해야 할까? 선거는 끝났다. 이제는 자신을 성찰할 시기다. 특히 선거 기간 동안 자신이 했던 수많은 말에 대해 깊이 성찰할 필요가 있다.

모든 신자는 후보나 정당에 대해서 사적으로 혹은 공적으로 많은 말을 쏟아 낸다. 그런데 과연 그 말이 진실일까? 진실임을 어떻게 알 수 있을까? 진실을 확신한다 해도 어느 정도로 말을 해야 할까? 선거를 앞두고 어떤 신자가 어떤 후보를 향해 비판했다고 가정해 보자. 그 비판은 어디에 근거한 정보일까? 스스로 그 정보를 확인하지는 않았을 것이다. 그 정보는 누군가가 제공한 것이다. 정보원은 텔레비전이나 신문 같은 대중매체일 수도 있지만, 주로 다른 사람에게서 전해 받은 내용이다. 요즘에는 카톡 방이나 유튜브가 근거 없는 정보의 근원지가 된다. 그들은 잘못된 정보를 제공하고 나서도 사과하지 않을 뿐 아니라, 더 많은 거짓 정보를 유통시킨다.

어떤 신자가 카톡 방에서 들었던 어떤 후보자에 대한 비방을 사실이라 판단해 다른 사람에게 전달했다고 가정해 보자. 선거가 끝난 후 확인해 보니 사실이 아닌 것으로 밝혀졌다면 어떻게 해야 할까? 신실한 신자라면 자신이 올린 카톡 방에 거짓 정보라고 공지하고 사과해야 한다. 하지만 이런 경우를 거의 보지 못했다. 대부분의 신자는 그것을 자신의 잘못이 아니라, 그 정보를 제공한 사람의 책임이라 생각하기 때문이다. 만약 그렇다면, 신자들에 의한 무책임한 퍼 나르기는 앞으로도 멈추지 않을 것이다.

자신도 모르게 하는 거짓말에 대해 신자는 어떤 태도를 가져야 할까? 무엇보다 자신이 접하는 정보원에 대한 적절한 거리 두기가 필요하다. 오늘날 검증되지 않은 수많은 정보 제공자들이 난립하고 있다. 이것은 공영 언론이 공신력을 잃었다는 반증이기도 하다. 오늘날 신문이나 방송은 이전과 같이 언론의 건전한 비판 기능을 많이 상실했으며, 사주의 이익에 충실할 뿐이다. 방송을 제어하려는 정부의 태도는 언론의 신뢰도를 더 떨어뜨리고 있다.

정보가 난무하는 상황에서 신자들이 할 수 있는 것은 스스로 가장 신뢰할 만한 언론을 분별하는 능력을 키우는 것이다. 자신이 신뢰할 만한 언론에서 얻은 정보라 할지라도, 그 정보를 무조건 신뢰하는 것은 지양해야 한다. 아무리 정직한 언론도 100퍼센트 진리만을 말하는 것은 불가능하다. 정보 내용에서 전적으로 신뢰하지 않는다면, 카톡 방에서 공유하는 것은 금물이다. 만약 나중에 사실이 아닌 것으로 드러나면, 그것에 대한 책임도 마땅히 져야 하기 때문이다. 특히 정치나 정치인에 대한 이야기는 믿을 수 없는 것이 많기 때문에, 참고만 하고 다른 사람과 공유하지 않는 것이 지혜로운 일이다. 이 말은 어떤 정보도 공유하지 말라는 것이 아니다. 그만큼 신중하게 해야 한다는 의미다.

내용이 확실하게 사실이더라도, 다른 사람에게 이를 전달하는 것은 또 다른 문제다. 그 비판이 사실이니까 말해도 죄가 없는가? 신자도 거의 대부분 자신이 지지하는 후보에 대해서는 좋은 말만 하고, 상대 후보에 대해서는 나쁜 말만 하기 쉽다. 아무리 사실이라 하더라도, 어떤 사람에 대해서 좋은 점은 말하지 않고 나쁜 점만 말한다면, 그 말은 진실일 수 없다. 신자는 사실과 진실을 구별할 수 있어야 한다. 이 점에서 거듭난 신자도 자신이 보고 싶은 것만 보는 죄성을 여전히 지니고 있음을 늘 자각하고 있어야 한다.

'별식'과 같은 뒷담화

이러한 신자들의 여러 언행 방식은 진실한 회개가 없다면 교회 생활에도 그대로 이어질 가능성이 크다. 신자들이 교회 생활에서 입으로 쉽게 짓는 죄는 뒷담화다. 나의 경험에 따르면, 한국 사람처럼 뒷담화를 좋아하는 민족도 없는 것 같다. 신자도 이 점에서 예외가 아닌데, 뒷담화는 위기의 순간에 교회 공동체를 심각하게 해칠 수 있기 때문에 매우 유의해야 한다.

교회 안에는 뒷담화가 조성될 여러 상황이나 제도가 존재한다. 교회에는 구역, 셀, 전도회 같은 수많은 소그룹 모임이 있다. 이 모임들이 교회 성장에 큰 영향을 준 것은 사실이지만, 때로는 여러모로 해를 끼친 것도 잊지 말아야 한다. 소그룹 모임에서 자신들의 삶을 서로 나눌 때, 그곳에서 나눈 이야기들은 쉽게 다른 곳으로 옮겨질 수 있다. 공식 모임은 그나마 괜찮지만, 통제되지 않는 비공식 모임에서는 교회 안에서 일어나는 여러 가지 안 좋은 이야기가 오고 갈 수 있다. 정도가 심하면 그 소그룹은 다툼과 원망의 근원지로 바뀐다.

교회 안에서 남의 말을 하는 사람은 의외로 인기가 많다. 많은 신자가 그런 이야기를 듣고 싶어 한다는 증거다. 다른 신자들의 삶에 대해 궁금한 것은 어떻게 보면 자연스러운 현상이다. 어떻게 보면 다른 신자의 삶에 무관심한 것이 오히려 문제일 수 있다. 하지만 성경은 이 문제에 대해 다음과 같이 경고한다. "남의 말하기를 좋아하는 자의 말은 별식과 같아서 뱃속 깊은 데로 내려가느니라"(잠 18:8). 지혜로운 신자들은 남의 말하는 것을 좋아하는 자와 될 수 있는 대로 거리를 두는 것이 좋다.

신자들이 남에 대해서 어떤 말도 하지 않고 사는 것은 불가능하다. 특히 어떤 상황에서는 정확한 비판을 해야 하는 경우도 있다. 그렇다면 어떻게 해야 할까? 이 점에서 교리문답(하이델베르크 112문답)은 아주 좋은 지침이 될 수 있다.

첫째는, 남의 말을 왜곡하지 않기다. 이것은 남의 말을 그대로 인용하라는 것이 아니다. 그 주장의 의도를 정확하게 이해하고 표현해야 한다는 뜻이다. 실제로 곡해로 인해 불필요한 다툼이 가정과 교회와 사회에서 너무 많이 발생하며 확산되고 있다. 왜곡만 사라져도 교회 안에서 일어나는 갈등은 반으로 줄어들 것이다.

둘째 지침은, 뒤에서 헐뜯지 않기다. 사람은 여러 가지 이유로 뒤에서 헐뜯는다. 지위가 낮은 사람은 자신이 당한 것을 복수하기 위해 헐뜯고, 지위가 높은 사람은 마음에 들지 않는 부하를 따돌리기 위해 헐뜯는다. 손쉽게 남을 해치는 방법이 뒤에서 헐뜯는 것이기 때문에 사람들은 쉽게 이 죄를 범한다. 신자들은 남에 대해서 말할 때 항상 "내가 이것을 당사자 앞에서 말할 수 있는가?"를 질문할 필요가 있다. 이 질문에 대해 확실하게 "그렇다"라고 답할 수 있으면 말해도 될 것이다.

셋째 지침은, 그 사람의 말을 들어 보지 않고 성급하게 정죄하지 않기다. 사람에 대한 판단은 항상 신중해야 한다. 성급한 판단은 잘못된 판단으로 이어지기가 쉽기 때문이다. 성급한 판단을 예방하는 가장 좋은 방법은 당사자의 말을 들어 보는 것이다. 본인이 생각하기에는 도저히 이해되지 않는 것도, 당사자의 말을 들어 보면 납득되는 경우가 적지 않다는 것을 경험적으로 잘 알고 있을 것이다. 동의는 안 되지만 이해라도 할 수 있으며, 보다 정확한 판단을 하는 데 많은 도움이 된다.

하얀 거짓말?

거짓말은 목적에 따라 크게 세 가지로 구별될 수 있다. 1) 남을 해하기 위한 거짓말, 2) 남을 기쁘게 하기 위한 거짓말, 3) 자신의 유익을 위한 거짓말이 그것이다. 이 중에서 남을 해하기 위한 거짓말은 십계명에서 명시적으로 금하고 있기 때문에 신자들은 그 위험성을 잘 인식하고 있을 것이다. 하지만 자기를 위한 거짓말에 대해서 신자들은 상대적으로 가볍게 생각할 수도 있다. 대표적인 예로, 우리는 아브라함의 거짓말에 대해서 알고 있다. 그는 자신의 생명을 위해 아내에게 누이라고 거짓말을 하도록 했다(창 12장). 그런데 하나님은 거짓말을 하게 한 아브라함이 아니라, 그녀의 거짓말에 속은 바로에게 벌을 내리셨다. 이와 유사한 일이 두 번이나 더 반복되기 때문에(창 20, 26장) 신자는 자신의 생명을 위해 거짓말을 해도 된다는 인상을 가질 수 있다. 하지만 그와 같은 역사적 본문을 오늘날 윤리적인 지침으로 삼는 것은 조심해야 한다. 그 본문의 중심 주제는 거짓말이 아니라 하나님의 구원 역사이기 때문이다.

신자들이 가장 가볍게 여기는 거짓말은 남에게 유익을 주기 위한 거짓말이다. 이런 거짓말은 보통 하얀 거짓말로 불리는데, 대표적인 예로 "새 옷이 정말 잘 어울리네요"와 같은 말이 있다. 물론 신자들이 그와 같은 상황에서 항상 자신의 판단을 정확하게 표현할 필요는 없다. 하지만 습관적으로 그런 식의 아첨을 남발하게 되면 상호 간의 신뢰감을 상실하게 만들 수 있다는 것을 잊지 말아야 한다. 최종적으로는 자신이 하게 될 어떤 말도 상대방으로부터 신뢰를 얻지 못할 것이다.

살 가망이 없는 환자에게 '진실을 이야기해 주어야 하는가'라는 것도 매우 어려운 문제다. 병명을 속여 환자에게 희망을 갖게 하면 실제로 치료가 되는 경우도 있다. 하지만 그런 일은 대부분 일어나지 않는다. 우리는 하나님이 아니기 때문에 미래가 어떻게 될지도 전혀 모른다. 그렇다면 사실을 이야기해 당사자로 하여금 죽음을 잘 준비할 수 있도록 하는 것이 신자의 의무다. 그리스도 안에서는 죽는 것도 유익이라는 사도 바울의 가르침은 무엇보다 시한부 인생을 살아가는 신자들에게 복음이 될 수 있다.

착한 거짓말은 실제 생활이나 교회 생활에서 희망 고문으로 종종 나타난다. "괜찮아. 다 잘될 거야!"라는 말이 격려의 말이 아니라 빈말로 그치는 경우가 얼마나 많은가? 희망이라는 것은 정확한 사실에 기반할 때 힘을 갖는다. 희망이 사실에 기반하지 않는다면, 그것은 허망일 뿐이다. 이와 같은 희망은 종종 수련회에서 비전이라는 이름으로 포장되기도 한다. 문제는 그곳에서 선포되는 메시지 전부가 거짓이 아니라는 점이다. 그렇기 때문에 무엇이 문제인지를 알기가 심히 어렵다.

일반적으로 부흥회나 수련회에서 강사들은 사실의 일부분만을 강조한다. "하나님은 당신을 위해 멋진 삶을 예비해 두셨습니다", "하나님은 당신을 향한 위대한 계획을 가지고 계십니다." 언뜻 보기에 아무런 문제가 없어 보인다. 하지만 '멋진 삶', '위대한 계획'에 그리스도와 함께하는 고난이 빠져 있다면, 그것은 올바른 하나님 말씀이라고 보기 어렵다. 설교란 청중이 가지고 있는 '멋진 삶'을 성경이 말하는 멋진 삶으로 바꾸는 것이지, 청중의 생각에 부역하는 것이 아니다.

자기 눈 속에 있는 티부터

상대방이 나쁜 일을 했음이 확실하게 밝혀졌다 하더라도 신자는 거기서 멈추지 말고, 더 나아가 그것이 얼마나 나쁜지도 동시에 생각해야 한다. 그런데 보통 인간들은 상대방의 자그마한 잘못은 부풀리면서 자신의 잘못에 대해서는 관대한 경향이 있다. 이 점에 대해서 예수님은 마태복음 7장 1-3절에서 "형제의 눈 속에 있는 티는 보고 네 눈 속에 있는 들보는 깨닫지 못하느냐"라고 가르치셨다. 이는 남의 잘못에 대해서 아무 말도 하지 말고 입을 닫고 있으라는 의미가 아니다. 비판을 하려면 그 비판이 공정하게 이루어져야 한다는 의미다. 남을 비판하는 자는 어떤 기준을 가지고 비판하는데, 그것이 정당한 비판이 되기 위해서는 그 기준이 자신에게도 동일한 잣대가 되어야 한다. 더 나아가, 신자가 정당한 비판을 하기 위해서는 먼저 자신에게 있는 들보부터 제거하는 훈련을 해야 한다.

나쁨의 정도를 판단함에 있어서 종교 개혁과 로마 교회의 교리를 비교하면 좋은 지침을 얻을 수 있다. 로마 교회는 죄 자체를 죽을 죄(mortal sin)와 용서받을 수 있는 죄(venial sin)로 구분했다. 하지만 종교 개혁은 아무리 작은 죄라 하더라도 죽을 죄이며, 아무리 큰 죄라 하더라도 용서받을 수 있는 죄라고 주장하면서[1] 로마 가톨릭교회의 죄 교리를 거부했다. 그렇다고 해서 종교 개혁가들이 모든 죄가 다 똑같다고 주장한 것은 아니다. 그들은 동일한 죄라 하더라도 상황에 따라 해악의 정도가 매우 다르다는 점을 정확하게 인식했고, 그 인식은 대교리문답 151문답에 상세히 잘 정리되어 있다. 동일한 죄라 하더라도 1) 누가 죄를 죄었는지, 2) 누구에게 죄를 지었는지, 3) 어떻게 죄를 짓게 되었는지, 4) 언제, 어디서, 어떤 상황에서 죄를 지었는지에 따라 죄의 경중은 달라진다.

　종교 개혁의 가르침은 오늘날 신자들에게 남을 비판할 때 아주 훌륭한 지침을 제공하고 있다. 이와 같은 지침을 배우지 못하면, 신자들은 불신자와 똑같이 행동할 수밖에 없다. 신자들은 성급하게 남을 비판하는 데 앞장서거나 그 비판에 참여하지 말아야 한다. 오늘날 한국 사회는 이전보다 지역 간, 계층 간, 남녀 간, 세대 간 갈등이 훨씬 심각해졌고, 그 기저에는 수많은 거짓, 비방, 조롱 등이 깔려 있다. 신자는 이 세상에서 화평하게 하는 자로 부르심을 받았다는 것을 늘 잊지 말아야 한다.

1　이성호, 《비록에서 아멘까지》(그책의사람들, 2022), p. 305.

교회 내 분쟁 & 치리

최근에 많은 교회가 여러 이유로 분쟁의 늪에 빠져 있는 것을 보게 된다. 교회 안에서 분쟁이 시작되면 자연스럽게 파벌이 조성된다. 주동자들은 여러 방법으로 교인들을 최대한 자기편으로 만들려고 한다. 가장 쉬운 방법은 상대방에 대한 비난이다. 일단 비난이 시작되면 거짓에 의해 확산되고, 그 이후에 제어하는 것은 거의 불가능하다. 사도 야고보는 혀의 능력에 대해 이렇게 경고했다. "혀는 능히 길들일 사람이 없나니 쉬지 아니하는 악이요 죽이는 독이 가득한 것이라"(약 3:8).

분쟁이 없으면 좋겠지만, 아무리 평안한 교회라 하더라도 언제든지 분쟁에 휘말릴 수 있음을 교회 지도자들은 직시해야 한다. 교회 안에 분쟁이 일단 생기면 단지 "사랑합시다", "기도합시다"와 같은 가벼운 말로 해결할 수 없다. 그런 말 자체가 "입 다물고 조용히 해"라는 말로 해석되기 때문이다. 따라서 교회는 평소에 미래의 분쟁을 대비해 치리 제도를 잘 정비할 필요가 있다. 예를 들어, 당회가 잘 조직되어 있다면, 당회는 거짓 유포를 매우 엄중하게 생각하고 있으며, 만약 거짓을 전파하면 그에 상응하는 권징을 신실하게 시행할 것임을 모든 교인에게 미리 교육을 통해 충분히 인식하게 해야 한다. 이렇게 하면 분쟁이 생기더라도 확전되지 않을 것이다. 치리 제도가 교회의 분쟁을 완전히 해결할 수는 없지만, 그것을 충분히 제어할 수 있다는 점은 매우 중요하다.

사도 바울은 에베소교회 성도들에게 말하는 방법을 다음과 같이 가르친다. "사랑 안에서 참된 것을 [말]하여"(엡 4:15). 아무리 참된 것을 말한다 하더라도 사랑 안에서 하지 않으면 그 말은 교회를 무너뜨릴 뿐이다. 바울은 또한 사랑의 속성 중 하나가 무례히 행하지 않는 것이라고 가르친다. 무례한 말은 아무리 그것이 바르다 하더라도 용납되어서는 안 된다. 안타깝게도 무례하고 분노에 가득 찬 정치적 구호에 환호하는 신자가 생각보다 많다. 이제 차분히 진정하고, 자신이 속한 교회의 들보부터 빼서 미래에 일어날 분쟁에 대비하기 위해 치리회를 잘 세우는 데 관심을 가져야 할 시간이다.

돈,
위험한 종

돈은 현대인의 삶에 막강한 영향력을 미친다. 신자라고 해도 이 영향력에서 벗어날 수 없다. 돈을 제외하고 신자의 삶을 이야기하는 것은 허무한 언어유희에 지나지 않는다. 신자들이 돈에 관심을 가져야 하는 중요한 이유는, 성경이 돈에 대해서 여러 가지로 중요한 교훈을 주기 때문이다. 성경의 가르침에서 떠날 때, 신자들은 기복주의나 금욕주의라는 늪에 쉽게 빠지게 된다. 따라서 신자들은 돈에 대한 세상적인 관점을 버리고, 성경이 가르치는 교리에 충실해야 한다.

돈의 위험성

성경은 여러 곳에서 돈의 힘과 그 위험성에 대해 성도들에게 경고한다. 대표적인 예가 "돈을 사랑함이 일만 악의 뿌리"(딤전 6:10)라는 바울 사도의 경고다. 아마 돈에 대한 가장 강력한 경고가 아닌가 싶다. 하지만 조금 더 주의 깊게 읽어 보면, 바울이 돈 자체를 악의 뿌리라고 말하지 않는다는 것을 알 수 있다. 돈이 아니라 '돈을 사랑하는 것'이 모든 악의 뿌리다. 그런데 우리는 본성적으로 돈을 좋아함을 부인할 수 없을 것이다. 그렇기 때문에 모든 신자는 사도 바울의 경고에 항상 주의해야 한다.

사도 바울뿐 아니라 예수님도 돈에 대해서 몇 가지 중요한 경고를 하셨다. "너희가 하나님과 재물[돈]을 겸하여 섬기지 못하느니라"(마 6:24). 예수님은 산상수훈에서 하나님과 돈을 비교해 말씀하신다. 돈의 유혹이 얼마나 강력한지를 보여 주는 대표적인 말씀이다. 예수님의 경고는 십계명의 제1계명을 떠오르게 한다. 제1계명의 핵심 교훈은 신자들이 하나님만 섬겨야 한다는 것이다. 그런데 신자들은 인생을 살다가 어느 순간 돈을 섬기게 된다. 하나님만 있으면 된다고 믿었던 자들이 이제는 돈도 있어야 한다고 생각하게 되었기 때문이다. 돈도 섬기고 하나님도 섬기는 것이 가능하다고 생각하는데, 그러한 생각 자체가 이미 돈을 자신의 주인으로 섬기는 행동이다.

대부분의 신자는 돈을 좋아하지만, 돈을 자신의 주인이라고 생각하지 않는다. 하지만 돈에 대한 성경적 이해가 분명한 이들이 과연 얼마나 될까? 복권을 떠올려 보자. 신자가 복권을 구입할 수 있는가? 특별하게 고민하지 않으면 별 문제가 없는 것 같다. 용어 자체도 사람들에게 호감을 준다. 복권은 말 그대로 '복을 주는 표시'를 의미하기 때문이다. 복권이라는 말 속에서 도박이라는 개념을 쉽게 떠올리지 못한다. 가격도 1천 원에 불과하기에 대수롭지 않게 여긴다. 이 같은 이유로 신자들도 복권을 쉽게 구입한다.

어떤 개척 교회 목사가 대출금을 갚지 못해서 교회당이 경매에 넘어가게 되자, 복권을 구입한 뒤 3일간 당첨되게 해 달라고 금식기도를 했다는 이야기를 들었다. 물론 복권은 당첨되지 않았다. 그 목사의 절박한 심정은 이해가 가지만, 결코 바른 신앙이라고 할 수 없다. 그 목사는 하나님을 믿는 것이 아니라 사실 복권(돈)을 믿었던 것이다. 하나님만 정말로 신뢰했다면 그는 복권을 구입하지 않았을 테고, 복권을 위해 기도도 하지 않았을 것이다.

복권은 단지 가벼운 게임이 아니다. 판매 액수가 5조 원을 넘는다면 이는 거대한 도박 산업으로 봐야 한다. 카지노와의 차이는 단지 국가가 운영한다는 점뿐이다. 어떤 이들은 복권 판매에서 나오는 수익으로 가난한 서민이 도움을 얻는다고 말한다. 하지만 복권을 구입하는 사람 대부분이 서민이다. 전체적으로 봤을 때 불특정 다수의 서민은 이전보다 더 가난해질 수밖에 없다. 신자들이 깨어 있지 않으면 자신도 모르게 국가가 인정한 합법적 도박에 참여하게 된다. 결코 작은 죄라고 할 수 없다.

부요, 축복의 증거?

돈에 대한 엄중한 경고를 신자들이 가볍게 생각하는 가장 큰 이유는 성경, 구약성경이 부를 축복의 증거로 설명하고 있기 때문이다. 아브라함, 이삭, 야곱은 말할 것도 없고, 다윗, 솔로몬 등 믿음의 위인들은 모두 엄청난 부자였다. 욥도 큰 시련 뒤에 전보다 많은 복을 누렸다. 뿐만 아니라 구약 곳곳에서 하나님은 이스라엘 백성이 율법에 잘 순종하면 많은 물질적 풍요를 누릴 것이라고 약속하셨다. 이런 예를 들면서 예수를 잘 믿으면 모두 부자가 될 수 있다고 설교할 수 있을까?

기복 신앙의 가장 큰 문제는 부자가 되지 못한 대다수 성도에게 큰 좌절을 줄 수밖에 없다는 점이다. 그들은 자신들이 가난하게 사는 이유가 믿음이 작아서라고 자책하기 쉽다. 70년대와 달리 이제 완전히 선진국 반열에 오른 한국은 더 이상 이전과 같은 고도 성장을 할 수 없다. 예전에는 교회 안에 부자가 된 사람이 많았는데, 이제는 그런 부자가 거의 존재하지 않는다. 양극화로 인해 계층 간 이동이 거의 끊어진 상황에서 열심히 일하여 부자가 되는 길은 갈수록 좁아지고 있다. 따라서 이제는 물질적 부요를 축복의 증거로 설교하는 것은 극히 삼가야 한다.

구약의 예는 신약 교회의 신자를 위한 규범이 아니라 하나의 모범으로 봐야 할 것이다. 하나님은 신앙이 아직 약한 구약 백성에게 물질적인 복을 통해 당신의 복이 어떤 것인지를 가르치셨다. 하지만 그리스도께서 오셔서 십자가의 구속 사역으로 복의 의미를 훨씬 더 풍성하게 드러내셨다. 그것은 신령한 복으로, 그리스도의 십자가와 죽음을 통해 오는 모든 은혜를 의미한다. 이와 같은 관점에서 신약은 성도들에게 가난과 박해를 강조하고 있다. 예수님은 "너희

가난한 자는[1] 복이 있나니 하나님의 나라가 너희 것임이요"(눅 6:20) 라고 가르치셨다. 예수님의 제자는 모든 것을 버리고 예수님을 따랐고, 사도 바울 역시 극심한 박해와 궁핍에 처한 적이 많았지만, 그들은 모두 영적으로 부요한 삶을 살았다.

돈을 얻는 방법: 잠언에서 얻는 교훈

돈에 대한 바른 교리를 가르치기 위해서는 어설프게 성경을 인용하는 습관부터 고쳐야 한다. 지나치게 돈의 위험성을 강조하거나 지나치게 돈을 축복의 증거로 설교해서는 안 된다. 성경은 부 자체를 정죄하거나 미화하지 않는다. 하지만 성경의 전체적인 가르침에 비춰 볼 때 확실한 점은, 부지런히 노력해서 얻은 것은 하나님께서 주신 복이라는 사실이다. 이는 특별히 잠언 전체에서 강조되고 있다. 농경 사회를 염두에 두고 생각하면 이것이 얼마나 중요한지 금방 알 수 있을 것이다. 봄에 열심히 일을 해도 기근이 있거나 전쟁이 일어나면 그 수고에 대한 보상을 전혀 받지 못하는 경우가 종종 일어나기 때문이다.

천지창조 기사를 통해 우리는 노동의 중요성을 발견한다. 하나님은 인간을 창조하고 땅을 다스리라고 명령하셨다. 이 명령에 대한 순종의 대가로 하나님은 모든 종류의 열매를 약속하셨다. 에덴

---

1 개역개정 성경에는 '가난한 자는'이라고 되어 있는데 조금 부정확한 번역이다. 나는 '가난한 너희들'로 번역하는 것이 더 타당해 보인다.

동산에서 인간은 피조 세계를 다스리는 왕 같은 제사장이었다. 물론 이 과업은 결코 쉽지 않았다. 하나님은 이 일을 수행하는 인간에게 맛있는 과일을 원하는 대로 먹게 하셨다. 즉 과일이라는 음식은 노동에 대한 보상이었던 것이다.

노동과 음식의 관계는 타락 이후에도 근본적으로 변하지 않았다. 감사하게도 은혜로우신 하나님은 타락한 자들에게도 음식을 허락하셨다. 그러나 그 노동은 고통스러운 일로 바뀌었다. 이제는 이마에 땀이 흘러야 과일을 먹을 수 있게 되었다. 이것은 모든 인간에게 적용되는 하나님의 규범이다. 하지만 이를 거부하는 자들이 있다. 힘든 노동을 통하지 않고 부를 획득하려는 시도는 항상 있었다. 예수를 믿고 나서도 쉽게, 노력 없이 돈을 벌려는 신자도 적지 않다.

잠언은 특히 노동을 통한 부의 중요성을 강조한다. 이와 동시에 불의한 방법으로 재물을 모으려는 이들에게 하나님의 심판이 있음을 강조한다. 더 나아가, 잠언은 나태와 방탕으로 얻은 가난이 하나님의 심판이라는 중요한 가르침을 준다. 전반적으로 봤을 때 잠언은 돈을 모으는 방식에 관심을 많이 가진다. 이 점에서 신자들은 주의 말씀에 주의할 필요가 있다. 오늘날 쉽게 돈을 버는 방법을 가르쳐 주는 많은 유튜버가 활동한다. 투자라는 용어를 사용하지만, 사실은 투기나 노름과 다를 바가 없는 경우도 많이 보인다. 신자들이 빠지는 근본적 이유는 노력하지 않고 많은 돈을 벌겠다는 욕심 때문이다.

신자들도 주식에 투자할 수 있고, 소위 재테크도 할 수 있다. 하지만 이를 위해서는 상당한 공부를 해야 한다. 진정 투자를 하기 원한다면 단지 돈을 많이 버는 기업이 아니라, 사회에 얼마나 공헌하는지도 살펴야 한다. 지금처럼 전쟁이 난무하는 상황에서는 누가 봐도 방산 업체의 주가가 오를 것이다. 이때 신자들이 그런 회사의 주식을 사도 되는 것일까? 주류 값이 오른다는 뉴스를 접한 후에 주류 회사의 주식을 구입해도 되는 것일까? 만약 이 질문에 별 관심이 없다면, 신자가 된다는 것이 대체 무슨 의미가 있겠는가? 돈을 버는 방식에 있어서 신자들은 거룩함을 잃지 않도록 유의해야 할 것이다.

돈으로부터의 자유

우리는 자본주의 사회에 살고 있다. 자본주의 사회란 간단히 말하면 돈이 지배하는 사회다. 그렇기 때문에 비신자들은 돈이 최고라고 생각한다. 이 생각은 신앙 없는 자들에게 너무나 당연하다. 비록 자본주의 사회에서 돈으로부터 완전히 벗어나는 것은 불가능하지만, 그럼에도 불구하고 돈을 사랑하지 않고, 돈을 주인으로 섬기지 않고 살아가는 방법이 있다. 하나는 부정적인 방법이고, 다른 하나는 적극적인 방법이다.

가장 쉬운 방법은 불필요한 소비를 줄이거나 정리하는 것이다.

이를 위해서는 세상 사람들이 사는 대로 살지 않도록 노력해야 한다. 남자들의 가장 큰 관심인 차를 예로 들어 보자. 나는 미국에서 유학을 해서 그런지 차에 대한 관심이 별로 없다. 돈이 없어서 첫 차도 200만 원짜리 중고차를 구입했는데, 지금 타고 있는 차 또한 어떤 신실한 성도의 소개로 200만 원을 주고 구입해 3년 동안 잘 타고 있다. 현재 앞뒤 범퍼에 금이 좀 있고 옆 좌석 문도 좀 찌그러져 있지만, 운전하는 데 아무 지장이 없어 그냥 잘 타고 다닌다.

우리 학교 교수 대부분은 쏘나타급 이하의 차를 탄다. 매우 검소하다. 어떤 교수의 차는 심지어 뒷좌석 문손잡이가 뜯겨져 있기도 하다. 그들이 그런 차를 타는 이유는 간단하다. 차에 별 관심이 없고, 실제로 경제적인 형편이 좋지 않기 때문이다. 정확하게 말하면, 다른 데(특히 자녀 교육)에 지출해야 할 돈이 많기 때문이다. 학기 중에 학생들에게 식사나 커피를 부담 없이 사 주려면 여유가 좀 있어야 하는데, 좋은 차를 구입하면 그런 일에 소극적일 수밖에 없다.

여자인 경우에는 소위 명품 소비를 줄일 필요가 있다. 여기에 대해서는 사도 바울이 아주 분명한 가르침을 주었다. "여자들도 단정하게 옷을 입으며 소박함과 정절로써 자기를 단장하고 땋은 머리와 금이나 진주나 값진 옷으로 하지 말고"(딤전 2:9). 교회 안에서 여자들은 자신을 제대로 단장하는 법을 배워야 하며, 어린 딸들에게 이를 잘 가르쳐야 한다. 교회가 화려한 옷을 입은 사람들이 활보하는 왕궁이 되어서는 안 된다(눅 7:25). 여자 성도들이 교회에 모여서 주로 하는 이야기 주제는 옷이나 가방, 외모가 아니라, 소박함과 정절이 되어야 할 것이다.

돈으로부터 완전히 자유하려면 돈보다 중요한 것이 많음을 확실히 인식해야 한다. 이 세상에는 돈으로 사거나 해결할 수 없는 것이 많다. 특별히 하나님께서 주신 지혜는 돈으로 살 수 없다. 그런데 잠언은 지혜가 그 얻은 자에게 생명나무라고 가르친다(잠 3:18). 지혜자는 아들에게 지혜가 재물보다 훨씬 유익하다고 말하며 다음과 같이 가르친다. "지혜는 진주보다 귀하니 네가 사모하는 모든 것으로도 이에 비교할 수 없도다"(잠 3:14-15). 자녀들에게 돈을 물려주기보다 신앙과 지혜를 물려주기 위해 부모들은 지금보다 열 배는 노력할 필요가 있다. 예수님도 돈보다 더 가치 있는 것이 있음을 비유를 통해 가르치셨다. 그것은 '하나님 나라'다. 그 나라는 밭에 감추어진 보화와 같아서 이를 발견한 사람이 자기 소유를 다 팔아 그 밭을 산 것처럼(마 13:44 이하), 천국은 우리의 모든 소유보다 귀한 것이다. 오순절에 성령이 임하셨을 때, 사람들은 자기 재산과 소유를 팔아 각 사람의 필요에 따라 나누었다(행 2:45). 신자가 참된 믿음을 가질 때, 돈의 노예가 아니라 돈을 다스리는 왕 같은 제사장이 될 것이다.

어떻게 쓸 것인가

하나님께 부자가 되게 해 달라고 기도해서 큰 부자가 되었다고 가정해 보자. 그 많은 재산을 어떻게 쓸 것인가? 이와 관련해 예수님은 '어리석은 부자의 비유'를 들려주셨다. 그 목적은 사람의 생명이 소유의 넉넉한 데 있지 않음을 제자들에게 가르치기 위해서였다. 어떤 부자가 있었는데, 그해에 풍년이 들어 그가 풍성한 소출을 얻게 되었다. 이는 하나님의 축복이라 할 수 있다. 그러나 그는 곳간을 헐어 더 크게 짓고 곡식과 물건을 쌓아 두기로 선택했다. 그 양은 여러 해 쓸 수 있을 정도로 많았다. 부자는 앞으로 걱정 없이 살수 있을 거라 생각했지만, 하나님은 그날 밤에 부자의 영혼을 도로 찾기로 결정하셨다. 그는 "자기를 위하여 재물을 쌓아 두고 하나님께 대하여 부요하지 못한 자"였다(눅 12:21).

부자의 잘못이 무엇인가? 그가 돈을 많이 벌었기 때문인가? 그의 잘못은 바로 자신의 행복과 생명이 쌓아 둔 재물에 있다고 생각한 것이었다. 자신의 생명을 위해 재물을 쌓아 두었으나, 하나님이 보시기에 그는 전혀 부요한 자가 아니었다. 하나님께서 지금 오셔서 우리의 영혼을 도로 찾으신다면 우리에게 필요한 것은 무엇일까? 적어도 돈은 아니다. 하나님은 돈이 전혀 필요 없는 분이시기 때문이다. 돈이 생명을 위해 필요한 것은 사실이지만, 돈과 생명은 완전히 구분된다는 것을 알아야 돈을 올바로 사용할 수 있다.

예수님은 보물을 땅에 쌓아 두지 말고 하늘에 쌓아 두라고 명령하셨다(마 6:19). 하늘에 쌓아 둔 보물은 좀이나 동록이 해하지 못하고, 도둑이 도둑질도 못 하기 때문이다. 이것이 어떤 의미인지는 누가복음을 통해 확인할 수 있다(눅 12:33). 여기서 우리는 이웃을 구제하는 것이 바로 하늘에 보물을 쌓아 두는 것임을 알게 된다. 우리가 소유를 팔아 구제하면 그 돈은 없어지는 것이 아니라 하늘에 쌓이게 되는 것이다. 결국 믿음으로 이 교훈을 받는 자들만이 하나님께서 주신 축복으로 가난한 자들을 구제하는 일에 힘쓰게 될 것이다.

이제 교회적인 차원으로 눈을 돌려 보자. 하나님께서 그동안 한국 교회에 많은 복을 주신 것은 분명하다. 한국 교회는 교회사적으로도 유례를 찾기 힘들 정도로 부흥했다. 교회당을 허물고 더 큰 교회당을 짓는 경우도 많았다. 교회당의 규모는 계속 커져 갔다. 그런데 교회 쇠퇴의 시대가 오자 여러 문제점이 드러났다. 건축비를 감당할 수 없는 교회당들이 결혼식장으로 바뀌거나 심지어 이단으로 넘어가기도 했다. 안타깝지만 앞으로 이런 일은 계속 일어날 것 같다. 한국 교회는 더 이상 어리석은 부자처럼 행동해서는 안 된다.

목사의 은퇴: 시한폭탄

오늘날 교회에서 돈과 관련되어 가장 민감한 문제는 담임목사의 은퇴다. 목사의 은퇴 날짜는 정해져 있지만 아무도 이 부분에 대해 언급하려 하지 않는다. 이를 제기하는 순간, 교회는 깊은 수렁에 빠질 수 있기 때문이다. 자진해서 그 책임을 지려는 사람은 없다. 은퇴 예우 문제는 시한폭탄처럼 교회 어느 한구석에서 터지기만을 조용히 기다리고 있다.

주님은 "네 보물 있는 그곳에는 네 마음도 있느니라"(마 6:21)라고 말씀하셨다. 보이는 보물에 대한 태도는 보이지 않는 마음 상태를 보여 준다. 우리는 안타깝게도 이 사실을 목사가 은퇴할 때 적나라하게 보게 된다. 은퇴 문제는 생각보다 복잡하다. 목사는 은퇴 예우를 통해 성도의 마음을 확인하려고 한다. 액수가 적으면 수십 년이 넘는 자신의 사역이 부정당하는 느낌을 받을 수 있다. 특히 주위에 이미 은퇴한 다른 목사들과 비교하면 상실감은 더욱 커질 수 있다. 단지 은퇴금 액수의 문제가 아니라는 말이다.

신자들은 나름대로 최선을 다했다고 생각하는데 목사가 계속 더 많은 예우를 요구하면 크게 시험에 들 수밖에 없다. 그들이 분노하는 이유는, 은퇴하는 목사가 평소에 설교를 통해 돈보다 하나님을 신뢰해야 한다고 누누이 강조했기 때문이다. 목사의 위선적인 태도에 대해 교인들은 크게 실망한다. 이와 같은 이유로 어떤 이들은 목사의 진정한 믿음이 은퇴할 때 드러난다고 주장하기도 한다.

20-30년 동안 목회를 잘 하다가 은퇴 문제로 교회가 한순간에 엉망이 된다면, 우리는 진지하게 질문해야 한다. "도대체 무엇을 위해 목회를 했는가?", "그렇게 열심히 전도한 교인들이 누구의 것이 되겠는가?" 목사는 헌금에 대해서는 종종 설교하지만, 목사의 은퇴에 대해서는 가르치지 않는다. 그러다 보니 성도들은 은퇴 문제에 대해 각자 다른 소견을 보인다. 이것이 은퇴 문제에 대해 합의를 이

루지 못하는 핵심적인 이유다. 은퇴 문제를 다룰 때 하나님의 말씀은 성도들에게 어떤 영향력도 행사할 수가 없다. 평소에 말씀을 통해 목사의 직무가 무엇인지, 목사의 은퇴가 무엇을 의미하는지, 성도가 얼마나 어떻게 책임을 져야 하는지를 미리 충분히 가르치지 않으면 시한폭탄은 터질 수밖에 없다.

빚의 덫

성경은 곳곳에서 빚의 위험성에 대해 경고한다. 주기도문에서 '우리의 죄'는 '우리의 빚'으로도 번역될 수 있다. 하지만 최근 우리 사회에서 빚을 우습게 아는 문화가 형성되었다. 빚도 재산이라 주장하면서 빚을 내는 것도 능력이라고 강조하는 이들이 늘고 있다. 문제는 갚을 수 있는 만큼 빌리지 않고, 빌릴 수 있는 만큼 빌리는 것이다. 그 결과, 오늘날 수많은 신자가 은행의 노예로 살아간다. 이와 같은 세상의 세계관에 대항해 목사는 강단에서 청년들에게 올바른 말씀을 선포해야 할 것이다. 어설프게 복이나 돈에 대해 피상적으로 설교하다가는 교인들이 재테크의 함정에 하나둘씩 빠지고, 그로 인해 가난의 덫에 걸리면 교회 역시 그 덫에 함께 걸릴 수밖에 없다.

인간관계,
어떻게 할 것인가

실타래와 같은 문제

아리스토텔레스(Aristotle)라는 유명한 철학자는 인간을 사회적 동물이라고 했다.[1] 인간은 동물과 달리 태어나면서부터 여러 형태의 관계를 맺으며 살아간다. 갓 태어난 아기는 가족이라는 사회 속에서 자라고, 얼마 지나지 않아 학교라는 사회 속에서 성장하며, 학교를 졸업하면 직장이라는 사회 속에서 생활한다. 중간에 군대와 같은 특별한 사회를 경험하기도 하고, 산악회나 동아리 같은 자발적인 소모임에 참여하기도 한다. 물론 신자에게는 교회라는 가장 중요한 사회가 있다.

사회생활을 잘하기 위해 가장 중요한 요소는 다른 사람과 좋은 관계를 맺고 유지하는 것이다. 이를 위해 좋은 사람을 만나야 하지만, 또한 본인이 좋은 사람이 되어야 한다. 만약 어떤 사회에(특히 군

---

1 보통 '정치적 동물'이라고도 알려져 있는데, 정확한 의미는 '폴리스적 동물'이다. 폴리스는 고대 그리스의 도시 국가를 뜻하며, 이러한 관점에서 보면 '폴리스적 동물'은 국가 공동체를 이루며 살아가는 존재라는 의미로 이해할 수 있다.

데 단 한 명이라도 저급한 인격의 소유자가 있다면, 그 모임은 잘 유지될 수 없다. 자기가 속한 모임에서 소위 왕따를 당한다면, 그 사회는 당사자에게 지옥이나 다름없다. 처음에는 좋은 모임이었으나 시간이 지나면서 곤혹스러운 모임으로 변하기도 한다.

사교성이 뛰어난 사람은 어떤 모임에서도 잘 적응하지만, 성격이 매우 내성적인 사람은 사회생활 자체를 견디기 힘들어 한다. 다른 사람과 관계를 잘 맺지 못하기 때문에 모임에 참석하는 것 자체를 싫어하고, 새로운 사람을 만나는 것을 부담으로 느낀다. 신자 중에는 그렇게 살아도 아무런 문제가 없다고 생각하는 이들이 있다. 하지만 모든 사람에게 복음을 전해야 할 의무가 있는 신자들은 최선을 다해 사회적·친교적 인간이 되기 위해 노력해야 한다.

제5계명과 대교리문답

신자들이 사회생활을 잘하기 위해 가장 먼저 해야 할 일은, 성경의 가르침을 잘 배우는 것이다. 그러나 성경은 사회생활을 위한 교본이 아니기 때문에, 이 주제에 대해 잘 정리해 놓은 안내서가 필요하다. 이 점에서 십계명에 대한 교리문답의 해설은 신자들에게 매우 큰 유익을 제공한다. 교회에 다니는 사람 중에서 십계명을 모르는 이는 거의 없다. 하지만 십계명을 열심히 공부하고 암송한다고 해서 십계명을 잘 이해하는 것은 아니다.

마태복음 19장에 등장하는 부자 청년이 대표적인 예라 할 수 있다. 그는 어려서부터 십계명을 배웠고, 잘 실천했다고 생각했으나, 실제로는 그렇지 않았다. 그는 간음만 하지 않으면 제7계명을, 사람만 죽이지 않으면 제6계명을 잘 지킨 것이라고 생각했다. 오늘날 우리도 부자 청년의 오류에 쉽게 빠질 수 있다. 제5계명을 한번 생각해 보자. "네 부모를 공경하라." 대부분 이 계명을 효도와 비슷한 것으로 이해한다. 가정의 달인 5월에 목사들은 제5계명에 대해 설교하며 부모에 대한 효도를 강조한다. 효도가 제5계명에 포함되어 있는 것은 분명한 사실이지만, 효도의 관점에서만 제5계명을 보는 것은 그 안에 담긴 정신을 제대로 이해하는 것이 아니다.

이 점에서 교리문답은 매우 중요한 역할을 한다. 교파를 막론하고 모든 교리문답은 십계명을 다루면서 그것을 해석하는 중요한 지침들을 제공하기 때문이다. 제5계명을 해석함에 있어 웨스트민스터 대교리문답은 가장 뛰어난 삶의 지침을 제공한다. 놀랍게도 이 대교리문답은 다른 계명들보다 훨씬 많은 질문을 다루는데, 이 교리문답이 없었다면 아마 대부분의 신자는 다음과 같은 질문을 진지하게 생각해 보지 못했을 것이다.

놀랍게도 대교리문답은 제5계명과 관련해 무려 열한 개의 질문을 한다. 이것은 대교리문답을 작성한 사람들이 제5계명을 얼마나 세밀하게 다루었는지를 보여 준다. 교리는 단지 지식만을 다루는

123문	제5계명은 무엇입니까?
124문	제5계명에서 말하는 '부모'는 누구입니까?
125문	왜 윗사람들을 부모라고 부릅니까?
126문	제5계명의 일반적 의도는 무엇입니까?
127문	아랫사람들은 윗사람들을 어떻게 존경해야 합니까?
128문	아랫사람들이 윗사람들에게 저지르는 죄는 무엇입니까?
129문	아랫사람들에 대한 윗사람들의 의무는 무엇입니까?
130문	윗사람들의 죄는 무엇입니까?
131문	동등한 사람들 사이에서 지는 의무는 무엇입니까?
132문	동등한 사람들 사이에서 저지르는 죄는 무엇입니까?
133문	제5계명을 더 잘 지키기 위해 더해진 내용은 무엇입니까?

것이 아니라 신자들의 삶도 다룬다는 것을 다시 확인할 수 있다. 참고로 대교리문답은 목사들을 위해 작성한 것이기 때문에, 적어도 장로교 목사들은 이 내용을 숙지하고 있어야 한다.

제5계명의 일반적 의도

제5계명은 "네 부모를 공경하라"다(123문). 그렇다면 부모는 누구인가(124문)? 대부분의 신자는 별 생각 없이 자신의 부모라고 생각할 것이다. 그러나 교리문답의 안내 없이 성경을 보면, 성경은 우리에게 별 유익을 주지 못할 수 있다. 부모가 돌아가신 경우에는 이 계명에 주목할 필요가 별로 없을 것이다. 그들은 제5계명을 지킬 수도 없고, 이 계명에 담긴 약속의 복을 누리지도 못할 것이다(133문). 하지만 대교리문답은 육신의 부모뿐 아니라 나이와 은사와 직위에 있어서 더 뛰어난 모든 사람을 부모라고 가르친다(124문).

십계명은 하나님에 대한 사랑(경건)과 이웃에 대한 사랑으로 크게 구분된다. 그런데 이웃을 우리 자신과 같이 사랑하기 위해서는 보다 구체적인 지침이 필요하다. 십계명은 이웃의 생명(제6계명), 순결(제7계명), 소유(제8계명), 명예(제9계명)를 아끼고 보호하라고 가르친다. 제5계명은 이웃이 가지고 있는 권한 혹은 권리를 아끼고 보호하라는 정신을 담고 있다. 제5계명에서 가장 중요한 개념은 사회적 관계다. 대교리문답은 126문에서 "제5계명의 일반적인 의도는 우리가 맺고 있는 여러 관계, 즉 아랫사람들, 윗사람들, 동등한 위치에 있는 사람들과의 관계에서 우리가 서로 지고 있는 의무들을 행하는 것입니다"라고 대답한다.

대교리문답의 작성자들은 성경을 편협하게 혹은 문자적으로 해석하지 않았다. 물론 자의적으로 해석하지도 않았다. 그들에게 중요한 것은 성경이 말하고자 하는 의도였다. 그 결과 성경을 보다 풍성하게 해석할 수 있었으며, 이 해석에 따라 우리는 인간관계에 대해 성경이 무엇을 말하는지 명확하게 이해할 수 있게 되었다.

도전받는 권위

예전과 달리 권위는 오늘날 상당히 생소한 개념이다. 권위와 꼰대는 같은 개념으로 취급되기도 한다. 예전에는 당연했던 권위가 요즘에는 상당히 도전을 받고 있다. 이것은 교회도 예외가 아니다. 예를 들어, 직분자는 섬기는 자로만 인식될 뿐, 다스리는 자로는 잘 인식되지 않는다. 성도는 고객이고, 부교역자는 직원일 뿐이다. 교회의 직분자들이 그리스도께서 주신 권세를 가지고 있다는 생각 자체를 하지 않는다. 이에 반해 대교리문답은 제5계명이 말하는 '부모'가 특별히 하나님의 규례에 따라 세워진 자들이라고 명시한다(124문).

에베소서는 권위에 대해 다음과 같이 말한다. "자녀들아 주 안에서 너희 부모에게 순종하라 이것이 옳으니라"(엡 6:1). 성경에 따르면, 부모가 가진 권위는 당연한 것이다. 이것은 1+1=2와 같이 자명한 것이기도 하다. 사도 바울은 자녀가 부모에게 순종해야 하는 이유와 근거를 제시하지 않는다. 순종하는 방식만("주 안에서") 언급할 뿐이다. 또한 로마교회 성도들에게 권세 있는 자들에게 복종하라고 명령하면서, 모든 권세가 하나님으로부터 나왔고, 하나님께서 정하신 바라고 선언할 뿐이다(롬 13:1).

권위는 도대체 어디에서 오는 것인가? 우리가 부모에게 순종해야 하는 이유는 무엇인가? 만약 부모가 더 경험이 많고 지식이 많기 때문이라고 대답한다면, 이는 적어도 오늘날에는 답이 될 수 없다. 과학과 기술이 발전하는 시대에 옛날 지식은 금방 무용지물이 되기 때문이다. 오늘날 자녀들에게 순종을 가르치기가 쉽지 않은 이유가 여기에 있다. 질서나 순종보다는 창의력과 자기 주관을 강조하는 교육이 지나치게 대세를 이루기 때문이다. 이와 같은 상황 속에서 자녀들에게 권위의 개념을 정확하게 가르치는 것은 결코 쉽지 않은 일이다. 성경의 권위와 하나님에 대한 신앙이 분명해야 권위에 대한 성경의 가르침을 다음 세대들이 잘 받아들일 수 있을 것이다.

권위의 사용

성경의 가르침에 따라 권위를 잘 이해했다 하더라도, 그 권위를 사용하는 것은 또 다른 문제다. 이는 특별히 교회 직분자들이 명심해야 하는 부분이다. 성경 구절만 가지고 다른 사람에게 복종을 요구하는 것은 일종의 폭력일 수 있다. 그 권위가 자기 스스로에게 있지 않고 위에서, 즉 하나님에게서 왔다는 것을 안다면, 자기 마음대로 권위를 행사해서는 안 된다. 오히려 아랫사람들이 진심으로 순종해서 하나님의 법을 잘 지킬 수 있도록 지도해야 할 것이다.

아담의 타락으로 인해 하나님께서 세우신 모든 관계가 완전히 틀어졌다. 선악과를 먹은 것에 책임을 물으시는 하나님께 아담은 하나님께서 하와를 만들어 자기와 짝 지어 주셨기 때문이라고 핑계를 댔다. 하와는 더 이상 남편에게 순종하지 않고 지배하려는 욕

구를 가지게 되었다. 뱀은 인간의 발꿈치를 상하게 하며, 땅은 가시덤불과 엉겅퀴를 낼 것이다. 남자는 이마에 땀이 흘러야 먹을 것을 얻고, 여자는 엄청난 진통을 겪은 후에야 자녀를 출산할 수 있을 것이다. 거듭난 신자 역시 여전히 이와 같은 상황에서 살아가야 한다.

하나님은 죄인들을 이와 같은 상황에서 건져 전혀 다른 사회를 이루게 하셨다. 구원은 단지 한 개인이 죄 사함을 받고 천국에 가는 것이 아니다. 구원은 본질적으로 사회적이며 교회적이다. 우리는 이를 에베소서에서 가장 분명하게 찾아볼 수 있다. 사도 바울은 에베소 교인들에게 성령으로 충만함을 받으라고 명령하면서(엡 5:18), 그것이 구체적으로 무엇을 의미하는지를 이어서 설명한다. 이를 한마디로 표현하면 '피차 복종'이다(엡 5:21). 성령으로 충만한 새로운 사회는 남편과 아내, 부모와 자녀, 상전과 종이 서로 복종하는 공동체다.

이와 같은 상호 복종은 일반 사회에서는 거의 찾아볼 수 없는 현상이다. 부모는 자녀를 통제하려 하고, 자녀는 부모의 말에 귀 기울이지 않는다. 오늘날 부부는 서로 돕기보다 각자 자기 일을 할 뿐이다. 노동자와 사용자의 갈등은 위험 수위를 넘은 지 오래다. 하지만 복음의 능력이 강하게 나타날수록 이와 같은 계층 간의 갈등은 사라진다. 초기 한국 교회가 형성될 무렵, 금산교회의 한 하인이 장로로 선출되었을 때 그의 주인이 그 장로를 잘 도왔다는 이야기는 매우 유명하다. 결국 인간관계가 어려운 근본적인 이유는 복음의 능력이 약하기 때문이다.

의무와 죄

대교리문답은 제5계명을 해야 할 의무와 하지 말아야 할 죄로 구분해서 상세하게 설명한다. 간단하게 말해서, 인간관계를 잘하려면 해야 할 일은 하고, 하지 말아야 할 죄는 저지르지 않아야 한다. 이는 우리의 경험을 통해 너무나 잘 알고 있다. 가정이나 직장에서 싸움이 일어나는 이유가 무엇인가? 상대방에게 해야 할 일은 하지 않고, 하지 말아야 할 일을 하기 때문이 아닌가? 따라서 인간관계를 잘하기 원한다면, 여러 관계에 따라 자신이 해야 할 일과 하지 말아야 할 일이 무엇인지를 잘 알아야 한다.

사회생활에서 해야 할 일과 하지 말아야 할 일은 관계에 따라 달라진다. 권위의 관점에서 볼 때 모든 인간은 다른 사람보다 위에 있을 수도 있고, 아래에 있을 수도 있으며, 동등한 관계에 있을 수도 있다. 따라서 인간관계를 잘하려면 윗사람과의 관계뿐 아니라 아랫사람과의 관계, 동료와의 관계도 좋아야 한다. 신학교에서 15년 가까이 가르쳐 본 경험에 따르면, 이는 교회를 세우는 데 매우 중요하다. 교수들에게는 좋은 평가를 받지만, 동기들에게는 전혀 인정받지 못하는 학생이 있다. 그들은 학교에서 일하는 미화원을 함부로 대하기도 한다. 따라서 교회는 목사를 청빙할 때 이런 점을 세밀히 살필 필요가 있다. 성도들에게는 잘하지만 부교역자에게 함부로 하는 목사, 재산이나 은사에 따라 성도들을 은근히 차별하는 목사는 아무리 능력이 뛰어나고 설교를 잘하더라도 멀리

해야 한다.

타락한 세상 속에서 신자는 때때로 악인과도 관계를 맺어야 한다. 그들은 우리의 상관일 수도, 동료일 수도, 직원일 수도 있다. 그들이 불의하게 행동할 때 참기가 쉽지 않다. 이에 대해 주님은 이렇게 말씀하셨다. "너희가 너희를 사랑하는 자를 사랑하면 무슨 상이 있으리요 세리도 이같이 아니하느냐 또 너희가 너희 형제에게만 문안하면 남보다 더하는 것이 무엇이냐 이방인들도 이같이 아니하느냐"(마 5:46-47). 예수님은 이 말씀을 통해, 하나님 나라의 백성은 죄인이나 이방인과 달라야 함을 강조하신다. 신자가 불신자와 무엇인가 달라야 한다면, 그것은 우리를 대적하는 자나 우리와 아무 상관없는 자들도 그리스도의 사랑으로 대해야 한다는 것이다.

윗사람들에 대한 의무와 죄

대교리문답은 아랫사람이 윗사람에게 해야 할 의무와 그들이 저지르기 쉬운 죄를 상세하게 제시한다. 교리문답을 처음 접하는 사람들은 내용이 너무 많다는 생각이 들 수 있지만, 하나씩 검토해 보면 정말 많은 유익을 얻을 수 있다. 그중 하나만 강조하자면, 윗사람의 부당함과 연약함을 구분하는 것이다. 제5계명은 윗사람의 말을 무조건 따라야 한다고 가르치지 않는다. 힘들지만, 때로는 부당한 명령에 "아니오"라고 말할 용기도 있어야 한다. 반대로 그들의 연약함을 감당하고, 때로는 사랑으로 덮어 주어야 한다. 실제 생활에서 죄와 연약함은 잘 구분되지 않지만, 신자들은 올바른 인간관계를 위해 평소에 잘 구분할 수 있는 분별력을 길러야 할 것이다.

아랫사람이 윗사람에게 저지르기 쉬운 죄는 윗사람을 뒤에서 험담하는 것이다. 주로 아랫사람끼리 모였을 때 자주 일어난다. 뒷담화는 부하들이 상사에게 받은 스트레스를 푸는 거의 유일한 방법이기도 하다. 그러나 신자들은 이런 죄에서 자신을 지킬 필요가 있다. 이를 실천하려면, 그러한 행위가 죄라는 인식을 분명히 가져야 한다. 비록 어렵고 힘들더라도, 하루에 잠시라도 상사를 위해 진심으로 기도하는 것이 궁극적으로 그 상사와 조금이라도 잘 지내는 길임을 쉽게 알 수 있을 것이다.

아랫사람들에 대한 의무와 죄

대교리문답에서 윗사람이 행해야 할 의무 중 주목하게 되는 것은 권선징악이다. "그들이 잘할 때에는 격려하고 칭찬하며 상을 주고, 그들이 잘못할 때에는 반대하고 꾸짖으며 징벌하는 것이다." 신학교에서 교수로 있으면서 학생들에게 학점을 줄 때 항상 고민되는 부분이 바로 이것이다. 학점을 후하게 주면 학생들에게 인기는 있을지 모르지만, 그것이 과연 학생을 위하는 것인지는 의문이다. 오랜 경험을 통해 확신하는 것은, 학생들을 정확하게 평가하는 것이 교수가 해야 할 의무라는 점이다.

상사에 대한 아부가 진실이 드러날 때 오히려 해가 될 수 있듯,

부하에 대해 '좋은 게 좋다'는 식으로 넘어가는 것 역시 좋은 관계를 형성하는 길은 아니다. 때로는 곤혹스럽지만, 엄중하게 야단을 치는 것이 그 사람을 위해, 또한 공동체 전체를 위해 윗사람이 해야할 일이다. 지식의 한계 때문에 신자들은 자신의 결정이 인간관계에 어떤 영향을 미칠지 전혀 알지 못한다. 아무리 선한 의도로 결정했다 하더라도 인간관계를 망치는 경우가 적지 않다. 결국 신자는 하나님을 신뢰하면서, 성경과 교리문답의 가르침에 따라 일관성 있게 사람들을 대해야 한다.

동료들에 대한 의무와 죄

교리문답에 따르면, 동료들과 잘 지내는 가장 좋은 방법은 동료가 잘됐을 때 '자기 일같이 크게 기뻐하는 것'이다. 이것이 쉽지 않음을 우리는 본능적으로 안다. 특히 사촌이 땅을 사면 배가 아픈 것이 한국 사람의 특징이다. 하지만 동료의 일을 진심으로 자기 일처럼 기뻐해 보라! 그 동료와의 관계는 금방 친밀해질 것이다. 이 점에서 중요한 것은 공동체 정신이다. 이 정신을 가지면 동료가 잘되는 것이 바로 내가 잘되는 것임을 금방 알 수 있을 것이다.

시기는 동료들 사이에서 쉽게 일어나는 독특한 죄다. 나는 칼뱅이나 아우구스티누스에 대해서는 어떤 시기심도 가지지 않는다. 그들이 나보다 뛰어나다는 것은 너무나 자명하며, 오히려 그들의 가르침을 하나라도 더 배우려고 한다. 그러나 동료 교수에 대해서는 시기까지는 아니더라도 부러움을 쉽게 느끼곤 한다. 나이가 들면서 학생들이 젊은 교수에게 더 많은 관심을 갖는 것을 보면 조금 주눅이 들기도 한다. 이를 치료하는 근본적인 방법은 공동체성의 회복이다.

약속 있는 첫 계명

모든 권세를 가지신 하나님은 각 사람에게 적당한 권세를 주어 여러 인간관계를 맺도록 하셨다. 이 과정을 통해 하나님은 우리를 겸손하게 하고 연단시켜서 마침내 거룩한 성도로 변화시키신다. 이를 받아들일 때, 우리 마음에서 불평과 불만이 사라지고 감사와 기쁨이 넘치게 될 것이다. 때로는 힘들고 고통스럽더라도 하나님을 의지하며 죄를 피하고 주어진 의무를 잘 수행하면, 의와 평강과 희락이 넘치는 아름다운 사회(인간관계)가 이 땅에서 실현될 것이다. 이 약속이 제5계명 마지막에 제시되어 있다. "그리하면 네 하나님 여호와가 네게 준 땅에서 네 생명이 길리라"(출 20:12). 이 땅에서 복된 삶을 살기를 정말로 원한다면, 제5계명을 이해하고 사모하는 것에서부터 시작해야 한다.

고령화 시대,

가치 있게 나이 들기

준비되지 않은 교회

고령화 사회는 이미 많이 진행되었으며, 앞으로도 더욱 심화될 것이 분명하다. 그러나 우리 사회는 이 문제에 대해 여전히 충분히 준비되어 있지 않다. 사실 무엇을, 어떻게 준비해야 할지 잘 모르며, 이를 제대로 준비할 능력이 있는지도 의문이다. 기초 노령 연금과 같은 제도가 있지만, 연장된 노년의 삶을 책임지기에는 턱없이 부족하다. 국가가 노인 복지에 대한 책임을 조금씩 강화하는 방향으로 가야겠지만, 모든 책임을 국가에 전가하며 불평하는 것은 근본적인 해결책이 될 수 없다. 결국 각자가 자신의 노년을 미리 조금씩 준비해야 한다.

고령화의 심각한 영향은 교회에서 특히 두드러지게 나타나고 있다. 이전과 달리 교인의 연령 구성이 크게 변화했다. 설교나 강의 초청으로 여러 교회를 방문하면, 60-70대 교인 수가 급격히 증가했음을 보게 된다. 80대 이상 교인도 적지 않다. 앞으로도 상당 기간 교회에서 노인의 비중은 계속 증가할 수밖에 없다.

노령화에 적극 대처하는 교회가 없는 것은 아니다. 교회에서 운영하는 노인대학이 대표적인 예다. 요즘에는 정부가 관련 사업에 재정을 지원하기 때문에, 교회가 이를 잘 활용하면 안정적인 노인 사역을 진행할 수 있다. 그러나 이와 같은 사역도 궁극적으로 한계가 따를 수밖에 없다는 점을 인식할 필요가 있다. 노인 사역은 어린이 사역에 비해 훨씬 많은 인력과 자원이 필요해, 큰 규모의 교회가 아니면 감당하기 어렵다. 또한 90년대 선교원(교회 유치원)의 쇠락에서 볼 수 있듯이, 정부나 사회 기관이 이 부분을 직접 감당하기 시작하면 교회에서 운영하는 노인 사역도 쇠퇴할 수밖에 없다. 무엇보다 어린이 사역은 장기적으로 교회를 성장하게 하지만, 노인 사역은 교회 성장에 오히려 부담을 줄 수 있다. 따라서 노인 사역은 교회 성장과 관계없이 진행되어야 한다는 공감대가 교회 안에서 형성될 때 비로소 성공적으로 감당할 수 있을 것이다.

극복해야 할 부정적인 이미지

한국 사회에서 노인에 대한 이미지는 전반적으로 부정적이다. 이는 교회에도 그대로 적용된다. 내가 가르치는 신학교 학생들에게 장래 비전을 물어보면, 노인 사역을 하겠다고 답하는 이는 아무도 없다. 대부분 청년 사역이나 청소년 사역을 하기를 원한다. 교회 현장에서는 노인 사역의 필요성이 계속 증가하지만, 이에 대한 미래 사역자들의 인식은 전무하며, 기피 대상이다.

노인들이 사람들에게 부정적인 인식을 주는 중요한 이유 중 하나는, 우리 사회가 근본적으로 바뀌었기 때문이다. 농경 문화가 중심이 되었을 때는 노인들의 경험이나 지식이 매우 중요했다. 하지만 과학 기술이 발전한 현대 사회에서는 과거의 지식이나 경험이 오히려 앞날에 방해가 될 뿐이다. 스마트폰이나 키오스크의 도입으로 노인들은 차표 구매나 음식 주문조차 제대로 하지 못한다. 과거와 달리 젊은이들이 노인들을 도와줘야 할 상황이 된 것이다. 한두 번이면 기쁜 마음으로 도와줄 수 있겠지만, 이런 일이 자주 발생하면 노인들은 귀찮은 존재로 각인될 수밖에 없다.

오늘날 노인에 대한 가장 대표적인 이미지는 소위 '꼰대'다. 노인의 조언은 더 이상 지혜로운 가르침으로 받아들여지지 않고, 잔소리로 여겨질 뿐이다. 잔소리란 틀린 말을 의미하지 않는다. 젊은이들이 노인들의 말에 귀를 기울이지 않는 이유는 그 말이 틀려서가 아니라, 그 말이 듣기 싫어서다. 잔소리를 듣기 싫어하는 이들에게 "내 말이 뭐가 틀렸냐?"라고 아무리 말해 봐야 소용없다. 틀림과 싫음의 차이를 구별하지 못하면 꼰대 이미지를 벗어날 수 없다. 노인들이 그 둘을 구별하는 것은 결코 쉬운 일이 아니다.

노인의 잔소리 중 최악은 정치 선동이다. 뜬금없이 카톡 방에 올리는 정치적인 메시지는 노인들에 대한 혐오감을 더욱 부추긴다. 이러한 행동 때문에 무식하다는 이미지와 예의 없다는 이미지까지 추가되고 있다. 과거 '예의 없음'은 젊은이들의 상징이었지만, 오늘날에는 노인들의 상징이 되고 말았다. 카톡 방에 열심히 링크를 올리는 노인들은 나라를 사랑하거나 다음 세대를 진정으로 걱정해서일 것이다. 하지만 그 같은 행동이 꼰대로 여겨지는 이유는, 그들이 젊은이들을 함께 가야 할 동역자로 보는 것이 아니라 계도의 대상으로 보기 때문이다. "젊은 것들이 뭘 알아"라는 잠재적 인식이 바뀌지 않는 이상, 노인들에 대한 청년들의 부정적 인식도 바뀌지 않을 것이다.

성경이 말하는 노년

성경을 살펴보면, 노년은 그 자체로 긍정적이거나 부정적인 의미를 갖지 않는다. 어떤 이는 아름다운 노년을 보냈지만, 어떤 이는 비참한 노년을 보내기도 했다. '나이가 들었다'는 것 자체가 미덕을 보장하지 않는다. 열왕기상 12장이 노인의 지혜와 젊은이의 어리석음을 대비하는 대표적인 예로 설교에서 주로 인용되지만, 이 본문을 근거로 노인은 지혜롭고 젊은이는 어리석다는 일반화의 오류에 빠져서는 안 된다. 해당 본문에 따르더라도 그들은 평범한 노인이 아니라 "솔로몬의 생전에 그 앞에 모셨던"(왕상 12:6) 노인들이었고, 젊은이들도 "[르호보암과] 함께 자라난"(왕상 12:10) 소년들이었다. 따라서 이 본문에서 중요한 것은 나이의 많고 적음이 아니라, 누구와 함께 자랐느냐다. 또한 그 사건 자체가 여호와 하나님께로부터 나왔기 때문에(왕상 12:15), 이 본문을 '노인들의 말을 잘 들어야 한다'는 식으로 도덕적으로 해석하는 것은 적절치 않다.

이삭과 야곱은 서로 아버지와 아들 사이지만, 노년에 전혀 다른 영적 상태를 보여 준다. 이삭은 나이가 들면서 눈이 어두워져 보지 못하게 되었다(창 27장). 눈만 어두워진 것이 아니라, 영적인 분별력도 어두워졌다. 그는 하나님께 '큰 자가 작은 자를 섬길 것'이라는 말씀을 이미 받았지만, 장자 에서에게 복을 주려고 했다. 반면 야곱은 나이가 들었지만 이삭과 달리 믿음의 분별력을 유지한 상태에서 요셉의 자녀들에게 복을 주었다(창 48장). 이때 야곱은 의도적으로 팔을 엇바꾸어 오른손은 차자에게 얹고, 왼손은 장자에게 얹어서 복을 주었다. 우리는 그 이유를 정확하게 알 수 없지만, 히브리서는 야곱이 믿음으로 그렇게 했다고 증언한다(히 11:21).

노년의 영광스러운 믿음을 가장 확실하게 보여 준 대표적인 인물은 갈렙이다. 그는 여호수아와 더불어 가나안 땅을 정탐한 열두 명 중 한 명이었다. 우리는 홍해를 건넌 성인 중 오직 이 두 사람만 가나안 땅에 들어가는 축복을 누릴 수 있었다는 것을 잘 알고 있다. 여호수아 14장 10-12절에서는 갈렙이 어떻게 아낙 자손들이 차지하고 있던 헤브론성을 차지할 수 있었는지를 잘 설명한다. 갈렙이 헤브론 땅을 차지한 이유는 여호와 하나님을 전심으로 순종했기 때문이다. 특히 그는 85세까지 하나님께서 주신 말씀을 전혀 흔들림 없이 믿었는데, 이것이야말로 오늘날 나이 든 모든 신자에게 필요한 신앙의 자태다.

레위기에서는 노인에 대한 규례를 명확히 규정한다. "너는 센 머리 앞에서 일어서고 노인의 얼굴을 공경하며 네 하나님을 경외하라 나는 여호와이니라"(레 19:32). 문맥을 보면, 하나님을 경외하는 것과 센 머리를 가진 노인을 공경하는 것이 서로 밀접하게 연관되어 있음을 분명하게 알 수 있다. 구약성경에 따르면, 나이 든 노인은 그 자체로 공경 받아야 한다. 노인 자체가 귀해서가 아니라 하나님께서 이를 원하시기 때문이며, 이는 신자들의 삶에 있어서 매우 중요한 교훈이다.

잠언 20장 29절도 노인에 대해 다음과 같은 가르침을 준다. "젊은 자의 영화는 그의 힘이요 늙은 자의 아름다움은 백발이니라." 여기서 노인의 백발과 젊은 자의 힘이 대조를 이룬다. 백발은 약함을 상징하는 단어다. 노인은 약하지만, 그 약함이 아름다움이 될 수 있다는 것이 잠언의 가르침이다. 레위기와 달리 잠언은 법이나 규례가 아닌 지혜를 담고 있다. 백발을 아름답게 보는 것이야말로 지혜 중 하나이며, 교회는 백발을 지닌 노인들이 아름답게 보이도록 많은 노력을 기울여야 한다.

노년에 찾아오는 3대 위기

성경의 가르침과 달리, 죄로 타락한 인간 사회의 노년은 아름답게 보이지 않는다. 노년의 삶을 망가뜨리는 요인은 여러 가지가 있겠지만, 질병, 빈곤, 고독은 노인을 가장 비참하게 만드는 3대 요인이다. 이것들은 궁극적으로 죄의 결과이므로, 노년의 아름다움을 회복하기 위해서도 목사들은 이 요인들을 잘 이해할 필요가 있다.

질병은 노인의 중요한 특성이다. 나이가 들수록 신체의 건강은 약해질 수밖에 없다. 자연스럽게 건강은 노인들의 가장 큰 관심 주제가 된다. 그들의 대화를 들어 보면, 어떤 운동을 해야 하는지, 어떤 취미 생활을 해야 하는지, 어떤 음식을 먹어야 하는지에 대한 이야기로 가득 차 있다. 사실 오래 사는 것보다, 어떻게 오래 사는가가 중요하다. 건강은 복된 노년의 가장 중요한 요소이며, 건강하지 못한 노년은 비참한 삶의 연속일 뿐이다.

빈곤은 노인의 삶을 어둡게 하는 또 다른 요소다. 우리나라 노인 빈곤율이 OECD 회원국 중 계속 1위를 유지하고 있다는 것은 잘 알려진 사실이다. 경제적 빈곤은 노인의 삶을 비참하게 만든다. 실제로 우리나라 노인 자살률은 OECD 회원국 중 단연 1위다. 이것은 경제력이 노인들의 삶의 질에 얼마나 큰 영향을 주는지를 분명히 보여 준다. 신자라고 해서 이와 같은 현상에서 예외는 아닐 것이다. 은퇴 이후 경제적으로 잘 준비된 노인이 과연 얼마나 되겠는가? 목사는 자신의 교회에 출석하는 나이 든 성도들의 형편을 부지런히 살펴야 할 것이다. 특히 우리나라 노인들은 자신의 가난을 숨기려고 하기 때문에 더 세심한 돌봄이 필요하다.

경제적 빈곤은 고독으로 이어진다. 사실 대부분의 경우 자살의 근본 이유는 질병이나 빈곤보다 고독에 있다. 오늘날 독거노인의 자살은 심각한 사회 문제가 되고 있다. 비혼과 저출산의 증가로 1인 가구가 급증하는데, 앞으로 독거노인이 계속 급속히 증가할 수밖에 없을 것이다. 주위에 자신의 삶을 나눌 수 있는 사람이 없다면 이 세상을 살아갈 이유를 찾기가 어렵다. 그들은 오늘날 강도 만난 이웃이나 다름없다.

하지만 이와 같은 현상을 우리가 너무 부정적으로 볼 필요는 없다. 앞에서 잠시 언급했듯이, 질병, 빈곤, 고독은 죄로 인해 나타난 현상들이다. 우리는 이것을, 복음을 필요로 하는 노인들이 장차 계속 증가할 것이라고 긍정적으로 해석할 수 있을 것이다. 중요한 것은 교회가 이들에게 얼마나 복음적인 삶을 구체적으로 보여 줄 수 있는가다. 노인들이 진정으로 행복한 삶을 영위할 수 있는 교회를 만들어 가야 한다.

미리 경험한 고령 교회

나는 유학 시절 미국의 전통적인 개혁교회를 접하면서 고령화된 교회의 모습을 미리 경험할 수 있었다. 그분들의 삶을 살펴보면서 몇 가지 중요한 지혜를 얻을 수 있었다. 그분들은 교회에 올 때 늘 같은 옷이지만 항상 깔끔하게 차려 입으셨다. 특히 여성들은 화려한 색상의 옷을 입는 경우가 많았다. 주일 예배에 참석하기 위해 꽤 많은 시간을 들여 준비했음을 알 수 있었다. 한번은 한 할머니의 집에 초대받은 적이 있었는데, 집 안 전체가 신혼집같이 느껴질 정도로 단아하고 아름다웠다. 그때 나는 노인의 삶도 아름다울 수 있다는 것을 처음으로 깨닫게 되었다.

유학 기간 동안 우리 가정에 도움을 준 이들은 모두 노인이었다. 어떻게 보면 당연했다. 젊은 신자들은 시간이 없어 우리를 도와주고 싶어도 여유가 없었다. 그러나 어떤 노인은 영어가 서툰 아내에게 영어를 가르쳐 주거나 말동무가 되어 주었고, 어떤 노인은 내 아내에게 미국 요리를 가르쳐 주기도 했다. 실제로 나이 든 교인들이 그 지역 외국인들에게 여러 가지로 도움을 주고 있었다. 이 같은 경험이 있었기에 그들은 다른 나라에서 벌어진 재해나 재난을 위해 진심으로 기도하기도 했다.

이와 같은 노인들의 활동은 우리에게 여러 시사점을 제공한다. 내가 보기에 우리나라 노인들은 나이가 들수록 관심사가 점점 줄어든다. 최종적으로 그들의 관심은 자녀나 손자에게 집중된다. 이런 경향은 특히 노인 여성에게 심하게 나타난다. 그들의 마음은 자식에 대한 걱정으로 가득 차 있으며, 기도 제목 또한 자식과 관련된 것이다. 자식이 전부이기 때문에, 자식이 불행한 부모는 불행한 노년에서 벗어날 수 없다.

그러나 아무 문제 없이 잘 나가기만 하는 자녀들이 얼마나 되겠는가? 결국 나이가 들수록 자신의 관심사를 넓혀 하나님 나라와 의를 구하며 살아야 한다. 보다 구체적으로 말하면, 아프리카의 작은 나라에서 복음이 전파되는 소식을 듣고 진정으로 기뻐할 수 있는 노인으로 성장해야 한다. 이것이 가능하려면 평소 그 나라 선교에 관심을 가지고 기도해야 하며, 선교사와 그들의 활동도 상세히 알아야 하고, 무엇보다 작으나마 헌금도 해야 한다.

노인들은 명절 기간에 외로움을 더욱 깊이 느낀다. 외국인 유학생으로서 늘 도움만 받던 나는 성탄절 이브에 가족과 함께 한 요양원을 방문했다. 당시 초등학생이었던 두 자녀와 함께 어르신들을 위해 크리스마스 캐럴 몇 곡을 불러 드렸다. 준비를 많이 한 것도 아니고 음악성이 뛰어난 것도 아니었지만, 그분들은 아이들의 서툰 노래를 들으며 정말 기뻐하셨다. 그때의 경험을 통해, 건강한 교회야말로 노인들의 고독을 치유할 수 있는 최고의 기관임을 확인할 수 있었다.

유학 시절의 경험은 귀국 후 교회를 개척하고 세워 가는 데 큰 도움이 되었다. 우리 교회에는 80세가 넘은 한 할머니가 출석하셨는데, 결국 건강이 약해지면서 더 이상 예배에 참석하기가 어려워졌다. 교회 개척 후 처음으로 일어난 일이었다. 사실 교회가 할 수 있는 일은 유튜브 방송으로 예배를 '시청'하도록 돕는 것 외에는 없었다. 그러나 여생을 예배 시청만 하도록 하는 것이 그분의 신앙에 얼마나 도움이 되겠는가? 더구나 그분은 스마트폰조차 다룰 수 없었다. 우리 교회는 매주 성찬식을 시행할 정도로 성찬의 중요성을 강조하고 있었기에, 예배를 시청하는 것은 어떻게 해결되더라도 성찬에 참여하는 것은 불가능했다. 이 문제를 당회에서 심도 있게 논의한 끝에, 1년에 네 차례 목사와 장로 그리고 가까운 구역 회원이 함께 할머니의 집을 찾아가 성찬이 포함된 간단한 예배를 드리도록 결정했다. 이와 같은 결정은 청년들을 비롯해 전 교인에게 깊은 인상을 주었다.

가치 있는 노년 생활이 되기 위해

고령화 시대를 맞아 교회도 근본적인 고민을 해야 할 때가 되었다. 노인들은 노년을 스스로 준비해야 하지만, 교회 역시 그들이 가치 있는 노년의 삶을 살 수 있도록 환경과 문화를 만들어야 한다. 나이가 들수록 노인이 할 수 있는 일은 점차 줄어들게 되어 있다. 겉으로 보기에는 가치 없어 보이는 일일지라도, 실제로는 매우 중요하다.

미국의 경우, 등하교 시간이 되면 노인들이 나와서 어린이들을 안내하고 보호한다. 이와 유사하게 미국 교회에서는 나이 든 노인들이 젊은 부인들을 도와 유아실에서 봉사한다. 교회 청소도 노인들이 주로 담당하는 경우가 많다. 이러한 일들이 교회의 본질적인 사역은 아니지만, 반드시 있어야 할 봉사다.

노인들이 교회에서 자신의 존재 가치를 느끼게 하는 가장 좋은 방법은 소박한 봉사를 맡기는 것이다. 그중 오늘날 필요한 봉사는 유아실 봉사일 것이다. 육아에 지친 어머니들의 소그룹 모임을 위해 노인들이 아이들을 돌본다면, 젊은 엄마들에게 큰 위로가 될 수 있다. 주방 봉사 중 설거지도 노인들이 어느 정도 할 수 있는 일이다. 교회의 화분 관리 같은 일도 어른들이 더 잘할 수 있다. 노인들은 교회에서 대접받을 생각을 하기보다 무엇인가 도움이 될 만한 일을 찾아야 하고, 교회도 나이가 들었다고 해서 아무 일도 하지 못하게 하기보다 할 수 있는 일을 하도록 하는 문화를 만들 필요가 있다.

노인들이 교회에서 가치 있는 봉사를 하도록 하는 것은 쉬운 일이 아니다. 나의 부친은 목사직을 은퇴한 뒤 한 대형 교회를 출석하기 시작했다. 교회에서 할 일을 찾던 중 화장실 청소가 필요하다는 것을 알게 되었고, 그때부터 조용히 화장실 청소를 하기 시작했다. 이 사실이 소문이 났지만, 다른 사람들은 크게 문제를 삼지 않았으나 함께 출석하던 몇몇 은퇴 목사의 눈총으로 인해 결국 그만두게 되었다. 노인들의 의식이 바뀌어야 교회 문화도 바뀐다는 것을 알 수 있다.

피할 수 없다면

이제 교회의 고령화는 피할 수 없게 되었다. 다음 세대를 잘 키운다고 해서 해소될 문제도 아니다. 몇몇 교회는 고령화를 극복할 수 있겠지만, 그렇지 못한 교회가 더 많을 것이다. 이 현상을 피할 수 없다면, 교회가 갈 길은 정해져 있다. 노인들이 모인 교회도 아름다울 수 있음을 보여 주는 것이다. 이를 위해 노인들이 반드시 해야 할 일은, 다음 세대와 진정으로 소통할 수 있는 능력을 기르는 것이다.

그러나 오늘날 한국 교회는 이 부분에서 완전히 실패하고 있는 것 같다. 오히려 노인들끼리 모여 과거의 낡은 가치관을 공유하면서 그것을 공고하게 만들 뿐이다.

젊은이에게 필요한 노인은 갈렙과 같은 믿음의 어른이다. 오늘날 청년들은 노인을 싫어하는 것이 아니라, 자신이 닮고 싶은 노인을 찾고 있을 뿐이다. 교회 안에 "나도 저분처럼 늙어야지"라고 느낄 만한 노인이 많을수록, 그 교회는 아름다운 공동체가 될 것이다. 나이가 들수록 믿음이 깊어지기 위해서는 유튜브를 볼 것이 아니라 책을 읽어야 한다. 이를 위해 교회는 노인을 위한 소그룹 책 모임을 활성화시킬 필요가 있다. 단순한 효도 관광만 할 것이 아니라, 신학 교육을 통해 보다 깊은 신학적 통찰력과 분별력을 지니도록 해야 한다. 미국 개혁교회에 출석하면서 노인들과 많은 대화를 나누었는데, 그들의 식견에 탄복한 적이 한두 번이 아니었다. 매우 어려운 일이지만, 고령화 시대에는 참된 어른을 길러 내는 일에 성공한 교회만이 살아남을 수 있을 것이다.

죽음,
어떻게 볼 것인가

피하고 싶은 주제

죽음은 대화에서 인기 있는 주제가 아니다. 사람들은 대부분 어떻게 더 오래 살 수 있을까를 고민하지, 어떻게 잘 죽을까는 고민하지 않는다. 만약 죽음을 피할 수 있다면 사람들은 무엇이든 하려고 할 것이다. 하지만 죽음을 피할 수 있는 사람은 아무도 없기에, 잘 살기 위해서라도 죽음을 이해할 필요가 있다. 오늘날 많은 사람이 불행한 삶을 사는 이유 중 하나는, 삶의 마지막에 대해 진지하게 생각하지 않기 때문이다.

주님은 누가복음에서 어리석은 부자의 비유를 통해, 죽음을 생각하지 않는 삶이 얼마나 허무한지를 가르쳐 주셨다(눅 12:13-21). 어리석은 부자의 잘못이 무엇인가? 그는 열심히 농사짓고, 감당하기 어려울 정도로 많은 곡식을 수확했다. 성경에서 풍성한 수확은 일반적으로 열심히 노력한 자들에 대한 하나님의 축복을 의미한다. 부자는 기존 곳간을 허물고 더 크게 세워 그 많은 곡식을 저장하도록 했다. 적어도 몇 해 동안은 아무 걱정 없이 먹고살 수 있었다. 여기까지는 부자에게 별 문제가 없는 것 같다. 하지만 주님은 그에게 있는 결정적인 문제 하나를 지적하신다. 그 부자의 잘못은 자신의 생명이 소유의 넉넉함에 있다고 생각한 것이었다. 그날 밤 주님께서 그의 영혼을 다시 찾으신다면, 그 많은 소유는 누구의 것이 되겠는가? 자신의 생명이 누구에게 속했는지를 모르는 모든 신자는 어리석은 부자와 같이 허무한 죽음을 맞이하게 될 것이다.

유쾌한 주제는 아니지만 죽음에 대한 바른 이해 없이는 바른 삶이 불가능하기 때문에, 신자들은 죽음에 대한 올바른 교리를 잘 배워야 하고, 그 교리에 따라 살아가는 연습을 부단히 해야 한다. 죽음을 어떻게 이해하는가는 믿음과 직결되어 있으며, 참된 믿음은 죽음 속에서 가장 빛을 발하게 된다. 신자의 죽음도 어떤 면에서는 슬플 수밖에 없지만, 부활의 소망으로 이어진다는 점에서 불신자의 장례식과 신자의 장례식은 근본적으로 달라야 한다.

돌아가셨습니다

우리나라 사람들은 '죽다'의 높임말로 '돌아가시다'라는 표현을 사용한다. 일반적으로 '돌아가셨다'는 말은 '죽었다'는 의미를 지닌 관습적인 표현이다. 이 말을 문자 그대로 이해하는 사람은 거의 없다. '돌아가셨다'는 표현은 원래 있던 곳으로 돌아갔다는 의미지만, 고인이 어디에서 왔는지도 모르는데 어디로 돌아갔는지를 어떻게 알겠는가? 그럼에도 우리나라 사람들은 그 정확한 의미도 모르면서 이 표현을 관습적으로 사용해 왔다.

놀랍게도 웨스트민스터 신앙 고백서에 따르면 '돌아감'이야말로 죽음에 대한 정확한 정의다. 이 신앙 고백서는 죽음에 대한 성경적 교리를 우리에게 정확히 가르쳐 준다. "사후에 인간의 몸은 티끌로 돌아가 썩음을 보지만, 그들의 영혼은 죽거나 자는 것이 아니라 불멸하는 존재이기에 그것을 주신 하나님께 즉시 돌아간다"(32장 1항). 죽음은 이중적 돌아감, 즉 몸의 돌아감 그리고 영혼의 돌아감이다.

죽음을 돌아감으로 이해하고 믿는다면 우리의 삶은 매우 달라질 것이다. 죽음이 돌아감이라면, 죽음은 끝이 될 수 없다. 유물론자들은 죽음을 인생의 마지막으로 이해한다. 적지 않은 현대 신학자들도 영혼 소멸론을 주장하는데, 이와 같은 이해 속에서는 참된 윤리가 나올 수 없다. 부활을 믿지 않고 이생이 전부라고 생각하면 결국 "내일 죽을 터이니 먹고 마시자"(고전 15:32; 사 22:13)라는 결론이 나올 수밖에 없다. 하지만 돌아감을 죽음으로 이해한다면, 우리는 죽음 이후에 돌아갈 곳을 생각할 수밖에 없다. 도대체 죽음 이후 인간은 어디로 돌아가는가?

죽음 이후의 심판

돌아갈 곳을 알기 위해서는 우리가 어디에서 왔는지를 먼저 알아야 한다. 하지만 인간은 어디에서 왔는지 스스로 알 수 없다. 이에 대한 궁극적인 답을 우리는 하나님의 계시인 성경을 통해서 알 수 있다. 성경에 따르면, 인간의 몸은 흙에서 왔고, 인간의 영혼은 하나님에게서 왔다(창 2:7). 죽음을 통해 인간의 몸은 흙으로 돌아가서 썩지만, 그 영혼은 하나님께로 돌아간다.

우리는 성경을 통해 죽음이 죄의 결과라는 것을 안다. 하나님은 창조된 인간에게 명령을 주셨다. "선악을 알게 하는 나무의 열매는 먹지 말라 네가 먹는 날에는 반드시 죽으리라"(창 2:17). 따라서 죽음은 자연에 속하지 않는다. 만약 아담이 하나님의 명령을 잘 지켰다면, 죽음은 이 세상에 들어오지 않았을 것이다. 따라서 죽음은 죄의 삯일 뿐이다(롬 6:23). 현대 신학은 죽음을 자연 현상 중 하나로 보는 경향이 강한데, 죽음을 그렇게 보면 죄의 심각성을 약화할 뿐이다.

죽음 이후에 있을 일에 대해서 히브리서는 심판이 있을 것이라고 단호히 선언한다(히 9:27). 이 심판은 두 번에 걸쳐서 시행된다. 한 번은 죽음 직후에, 다른 한 번은 최후의 심판에서 시행된다. 티끌로 돌아간 몸이 썩음을 본다는 점에서는 아무런 차이가 없지만, 하나님께 돌아간 영혼은 의인인가 악인인가에 따라 결과가 크게 달라진다. 의인의 영혼은 복락을 누리지만, 악인의 영혼은 지옥의 고통을 경험하게 되기 때문이다.

중간 상태(intermediate state)에 대하여
죽음 직후에서 최후의 심판 날까지의 기간을 '중간 상태'라고 한다. 여기에 대해서는 성경이 상세하게 말하지 않기 때문에 세세하게 따지는 것은 신앙생활에 유익하지 않다. 하지만 성경이 명시적으로 가르치는 교훈에 대해서는 정리할 필요가 있다. 중간 상태에 대해서 거의 유일하게 언급하는 본문이 부자와 나사로의 비유이기에, 이 비유를 중점적으로 살펴볼 필요가 있다. 하지만 이 본문의 중심 메시지가 성경(모세와 선지자)의 최종적 권위에 관한 것임도 동시에 고려해야 한다.

부자와 나사로 본문을 단순한 비유인지 아니면 실제 사실인지를 먼저 구별할 필요가 있다. 비유와 사실이 섞여 있다고 볼 수 있는데, 그렇게 보면 어디까지가 비유고 어디까지가 사실인지를 구분해야 할 것이다. 만약 순전히 비유로만 본다면, 이 본문은 성도들에게 별다른 영향력을 미치지 못할 것이다. 아브라함의 품이나 불꽃, 음부, 구렁텅이가 실제로 존재하지 않는다면, 부자가 받은 심판도 단지 경고를 위한 엄포에 불과할 것이다. 따라서 이 본문은 실제로 있었던, 혹은 실제로 일어나거나 있게 될 일을 기술한 것이라고 보아야 한다.

부자와 나사로 본문에서 중간 상태와 관련해 가장 해석하기 어려운 부분은 영혼과 몸의 구별이 없다는 것이다. 부자는 아브라함에게 "나사로를 보내어 그 손가락 끝에 물을 찍어 내 혀를 서늘하게 하소서"(눅 16:24)라고 요청하는데, 이 말만 보면 죽은 영혼이 여전히 몸의 일부를 가지고 있는 것처럼 보이기 때문이다. 따라서 부자의 말을 문자 그대로 해석하는 것은 적절하지 않다. 그렇다고 해서 해당 본문을 전부 비유로 보는 것은 더 적절하지 않다.

부자와 나사로는 중간 상태에 대해서 한 가지 중요한 교훈을 준다. 죽음은 끝이 아니고 새로운 상태에 들어가는 것이라는 사실이다. 죽음 이후에는 어떤 형태로든 하나님의 정의가 시행된다. 자비를 호소하는 부자에게 아브라함은 다음과 같이 말했다. "너는 살았을 때에 좋은 것을 받았고 나사로는 고난을 받았으니 … 이제 그는 여기서 위로를 받고 너는 괴로움을 받느니라"(눅 16:25). 우리는 이 세상의 삶이 불공평하다는 것을 알고 있고 이를 당연시한다. 또는 어쩔 수 없다고 체념하기도 한다. 사후에 이와 같은 불의가 하나님의 정의에 따라 시정되지 않는다면, 이 세계는 더욱 불의한 곳이 될 것이다. 사후에 하나님의 정의가 시행된다는 것을 정말 믿는다면 신자들, 특히 부유한 신자는 생전에 결코 자기 이웃이나 동료를 함부로 대하지 않을 것이다.

중간 상태가 주는 또 하나의 중요한 교훈은, 죽음 이후에는 회개가 불가능하다는 것이다. 회개하더라도 회복의 가능성은 존재하지 않는다. 낙원과 음부를 오갈 수 없기 때문이다. 지옥의 고통 속에서 악인들은 회개하지 않을까? 부자와 나사로 본문은 그것이 불가능하다고 가르쳐 준다. 부자의 말을 잘 들어 보면, 그가 지옥의 고통 속에서도 회개하지 않고 끝까지 교묘하게 아브라함의 판결을 무시하고 대적한다는 것을 알 수 있다. 더 정확하게 말하면, 부자가 지옥에서 회개할 수 없는 것이 아니라, 지옥에서도 회개하지 않을 정도로 악한 자가 지옥에 가는 것이다.

신자의 죽음: 복에 이르는 통로

죽음은 죄의 결과로 세상에 왔지만, 주님은 십자가와 부활을 통해 죽음을 이기셨다. 그분의 부활은 또한 우리에게 영생을 선사한다. 이때 우리에게 자연스러운 질문이 생긴다. "예수님께서 우리 죄를 위해 죽으셨는데 왜 우리가 죽어야 하는가?" 이 질문은 하이델베르크 요리문답 제42문이 정확하게 제기한다. 이 질문에 대한 답은 다음과 같다. "우리의 죽음은 우리의 죗값을 치르는 것이 아닙니다. 죽음은 우리가 죄짓는 것을 그치게 하고, 영생에 들어가게 하는 통로가 됩니다."

하이델베르크 요리문답은 신자의 죽음을 이해함에 있어 대단히 중요하다. 신자에게 있어서 죽음이 죄의 값을 치르는 것이 아니라는 것은 신자의 죽음과 비신자의 죽음을 근본적으로 나누는 기준이다. 예수 그리스도에 대한 믿음을 통해 죽음의 의미는 완전하게 바뀌었다. 물론 신자도 사고로 죽을 수 있다. 하지만 그런 경우에도 그 죽음은 신자에 대한 하나님의 엄한 권징이지, 그가 범한 죄에 대한 값을 치르는 것은 아니다. 예수 그리스도의 구속 사역으로 말미암아 믿는 자에게는 칭의의 은혜를 주셨고, 그의 모든 죄를 단번에 사하셨다.

우리의 죄를 그치게 한다는 점에서 죽음은 신자에게 큰 복이다. 신자는 이 세상에 있는 동안 여전히 남아 있는 본성의 부패로 인해 끊임없이 성화를 위한 투쟁의 삶을 살아야 한다. 이를 영적 전투라고 한다. 신자들은 더 이상 죗값을 치르지 않지만, 죄로 인한 고통은 여전히 감수해야 한다. 이 세상에서 완전한 성화는 불가능하기 때문에, 모든 신자는 죽기까지 영적인 전투를 치러야 한다. 그런데 이 힘든 전투는 죽음 이후에 중단되며, 이때부터 신자는 완전한 안식을 누리게 된다. 하지만 불신자들은 죽음 이후에 몸은 죄를 짓지 않더라도 영혼은 여전히 죄를 지으면서 심판 날까지 자신의 죄를 쌓는다. 이와 반대로 신자에게 죽음은 영생에 이르게 하는 통로가 된다. 이 점에 있어서 신자는 죽음을 두려워할 필요가 없다. 죽음은 신자에게 오히려 복의 통로일 뿐이다.

그리스도: 모든 위안의 근거

그리스도는 신자의 죽음이 오히려 복이 되는 유일한 근거다. 믿음을 통해 성령은 신자와 그리스도가 하나로 연합하게 하며, 이 연합을 통해서 모든 복이 신자에게 임한다. 이 점에서 우리는 사도 바울의 고백에 주목할 필요가 있다. "나의 간절한 기대와 소망을 따라 아무 일에든지 부끄러워하지 아니하고 지금도 전과 같이 온전히 담대하여 살든지 죽든지 내 몸에서 그리스도가 존귀하게 되게 하려 하나니 이는 내게 사는 것이 그리스도니 죽는 것도 유익함이라"(빌 1:20-21). [1] 바울 사도를 통해 우리는 죽음을 그리스도를 통해 바라보게 된다. 엄밀하게 말하면, 우리의 믿음이 아니라 그리스도 때문에 죽음의 의미가 완전하게 바뀌었다.

신자들은 예수 믿고 나서 어떻게 살 것인가에 대해 많은 고민을 한다. 그와 같은 고민이 매우 필요한 것은 사실이지만, 그 고민은 확장될 필요가 있다. 신자는 어떻게 살 것인가도 고민해야 하지만, 어떻게 죽을 것인가도 고민해야 한다. 그래야 어떻게 살 것인가를 훨씬 더 넓은 관점에서 바라볼 수 있다. 죽음을 제외한 삶만 생각하면 어리석은 부자의 늪에 쉽게 빠질 수밖에 없다. 따라서 신자는 삶과 죽음을 분리하지 않고 지혜롭게 늘 함께 생각하는 훈련을 해야 한다.

우리는 전도서를 통해 죽음이 우리의 삶에 복이 될 수 있음을 배우게 된다. 전도자는 "죽는 날이 출생하는 날보다 나으며"라고 노래한다(전 7:1). 일반적으로 이와 같은 전도서의 메시지를 인생무상으로 이해하는 경우가 많은데, 이것은 전도서의 메시지를 바르게 이해하는 것이 아니다. 전도서의 메시지를 바르게 이해하기 위해서는 '여호와 하나님을 경외하는 것'이 중요한 전제임을 기억해야 한다. 죽는 날 그 자체가 출생하는 날보다 나을 수는 없다. 그러나

---

1 이와 유사하게 바울은 갈라디아서에서 이렇게 말했다. "내가 그리스도와 함께 십자가에 못 박혔나니 그런즉 이제는 내가 사는 것이 아니요 오직 내 안에 그리스도께서 사시는 것이라"(갈 2:20). 로마교회 성도들에게도 바울은 동일한 메시지를 전달했다. "우리가 살아도 주를 위하여 살고 죽어도 주를 위하여 죽나니 그러므로 사나 죽으나 우리가 주의 것이로다"(롬 14:8).

죽는 날이 더 나은 이유는, 출생한 갓난아이는 아직 삶을 시작하지도 않았지만, 이미 충분한 삶을 산 노인은 하나님을 경외하며 그의 전 생애 동안 하나님의 선하심을 맛보아 알았기 때문이다.

전도자는 또한 초상집에 가는 것이 잔칫집에 가는 것보다 낫다고 교훈하는데(전 7:2), 이는 신자들이 결혼식에는 참석하지 말고 장례식장에만 가야 한다는 것을 의미하지 않는다. 장례식장이 더 나은 이유는, 죽음이 모든 사람의 끝이기 때문이다. 장례식장은 인간의 마지막을 보여 주며, 그곳에 참석한 사람들은 마지막을 생각하게 된다. 마지막은 보이지 않기 때문에, 마지막을 아는 것은 지혜에 속한다. 아쉽게도 죽음이 인생의 마지막이라는 것을 많은 사람이 알지만, 마치 마지막이 없는 것처럼 무시하며 살아가고 있다.

복된 죽음이 되기 위해

그리스도 안에 있는 모든 신자의 죽음은 복되다. 시편은 여호와 하나님이 경건한 자들의 죽음을 귀하게 보신다고 노래한다(시 116:15). 요한계시록 역시 하늘에서 나는 음성을 이렇게 기록하고 있다. "지금 이후로 주 안에서 죽는 자들은 복이 있도다"(계 14:13). 하지만 이런 복이 신자들에게 기계적으로 적용되는 것은 아니다. 어차피 죽을 것이고, 죽는 것은 복이 되니 빨리 죽는 것이 낫다는 식으로 이해해서는 안 된다. 무엇보다 죽음의 복음을 잘못 이해해, 이 세상을 대충 살아도 된다는 식으로 생각해서는 안 된다. 시편 기자는 경건한 자들의 죽음을 귀하게 보시는 여호와께 "나의 서원을 여호와께 갚으리로다"(시 116:14)라고 맹세한다. 서약을 지키는 것과 복된 죽음은 밀접하게 연결되어 있다는 것이 성경의 가르침이다.

앞에서 살펴본 대로 신자에게 죽음이 복음이라면, 죽음을 바라보는 신자들의 시각과 태도는 완전히 달라야 할 것이다. 나이가 들수록 몸이 약해지면 믿음도 약해질 수 있다. 교회는 노인들로 하여금 죽음을 평소에 잘 준비할 수 있도록 해야 한다. 아무리 신앙이 좋은 사람이라 할지라도 죽음은 여전히 공포 자체라고 할 수 있다. 따라서 부활과 영생의 복음이야말로 그들에게 가장 필요하다. 예배 시간에 복음을 통해 살아 계신 삼위 하나님과의 교제를 경험하여 영생을 미리 맛보게 하는 것이 교회가 해야 할 일이다.

교회 안에서 복음이 충분히 잘 가르쳐지고 있다면, 성도들은 죽음에 대해 좀 더 솔직하게 이야기할 수 있다. 미국 개혁교회의 한 할머니가 우리 가정을 저녁 식사에 초대한 적이 있었는데, 식사 후 당신의 유언장을 아무렇지도 않게 보여 주셨다. 그때 나는 죽음에 대해서 아무런 거리낌 없이, 그렇게 친하지도 않은 나에게 이야기하는 할머니의 모습을 보고 큰 충격을 받았다. 그 유언장에 따르면 당신의 자산 일부는 교회에, 일부는 기독교 학교에, 나머지는 당신이 봉사하는 사회 단체에 기부하도록 되어 있었다. 변호사의 공증도 첨부되어 있었다. 구미교회가 쇠퇴해 노인밖에 남지 않았다 하더라도 아직 명맥을 유지하는 이유 중 하나는 그들이 기부하는 유산 때문이다. 교회도 이 점을 잘 인식하고 있기 때문에 나이 든 노인들의 목소리를 존중할 수밖에 없다.

내가 생각하기에 우리나라에서는 유산 문제에 있어서 신자와 비신자의 차이가 크게 없는 것 같다. 신자 역시 자신의 유산 대부분을 자녀에게 물려줄 뿐이다. 신자의 자녀 역시 부모의 재산을 물려받는 것을 당연하게 여기는 것 같다. 이는 무엇을 의미하는가? 복음이 삶의 마지막 부분에 큰 영향을 미치지 못함을 의미한다. 사람이 떡으로만 사는 것이 아니라 여호와의 입에서 나오는 말씀으로 산다는 것을 확신한다면, 자신의 유산을 자녀들에게 물려주기보다는 자녀들의 믿음을 지키기 위해 교회나 신학교나 선교 단체에 기부할 것이다. 주님께서 말씀하셨다. "네 보물 있는 그곳에는 네 마음도 있느니라"(마 6:21). 유산이야말로 개인에게 가장 큰 보물이다. 이것을 어떻게 사용하는가가 그 신자의 믿음을 보여 준다.

죽음과 장례

죽음은 내용이고, 장례는 형식이다. 복된 죽음은 복된 장례식으로 이어져야 한다. 복된 장례식이 되기 위해 교회는 성경의 범위를 벗어나서는 안 된다. 서약이 포함된 결혼식과 달리 장례식은 예배로 보기 어렵다. 예배라 하더라도 그것은 철저하게 유가족과 그곳에 참석한 사람들을 위한 사적인 예배다. 로마 교회와 달리 개혁교회는 죽은 자를 위한 기도를 용납하지 않기 때문에 특히(축도할 때) 주의할 필요가 있다. 신자의 영혼은 죽을 때 이미 하나님께로 갔기 때문에 '천국 환송 예배'라는 말도 그리 적절해 보이지 않는다.[2] 교회가 내는 조의금도 집사회를 통해 무기명으로 처리하는 것이 장기적으로 교회에 유익하다.

장례와 관련된 예배 혹은 예식에는 비신자도 참여하기에, 목사는 여러 가지 신경 쓸 것이 많다. 예식이 조금이라도 미흡하면 유가족에게 큰 실망을 줄 수 있음을 유념해야 한다. 나의 경험에 의하면, 장례식장마다 분위기가 조금씩 다르기 때문에 미리 몇 가지 물품을 준비할 필요가 있다. 나는 항상 휴대용 스피커와 마이크를 준비해 필요할 때 사용했다. 은혜로운 장례식은 그곳에 참여한 사람들에게 많은 영향을 준다. 장례식을 통해 믿음이 회복된 자들도 적지 않다. 그들에게는 장례식에서 선포된 복음이야말로 고인이 주는 마지막 선물이 될 것이다. 아쉽게도 장례식 설교에 대해 목사들이 별로 고민하지 않는 것 같다.

---

2 아직 한국 교회에서 장례와 관련된 규정은 보편화되지 않은 것 같다. 이 점에서 다음 책은 목회자들에게 큰 도움을 줄 것이다. 안재경 편집, 《장례 매뉴얼》(교회건설연구소, 2023).

교회와 국가,
하나님의 두 손

민감한 주제

최근에 오후 예배 설교 초청을 받은 적이 있다. 강단에 오르기 직전, 그 교회의 목사는 나에게 "교수님, 우리 교회 성도들은 극우에서 극좌까지 다 있습니다. 참고해 주세요"라고 작은 소리로 말했다. 나는 "네. 잘 알겠습니다"라고만 답했고, 담임목사도 더 이상 자신의 말을 설명하지 않았다. 본고의 독자들도 그 교회의 목사가 말한 의도가 무엇인지 잘 알 것이다. 요즘 교인 중 상당수가 아주 사소한 정치적 문제에도 과민한 반응을 보이니 목사들도 매우 예민한 상태다. 대통령 탄핵 소추 이후 장로의 기도가 문제가 되어 교회안에서 큰 내분이 일어났다는 소식도 들었다.

신자의 삶에 있어서 정치가 얼마나 중요한지 말할 필요는 없다. 정치적으로 안정된 선진국과 달리 좌우 세력이 극심하게 대립하고있는 한국에서 정치는 매우 민감한 주제다. 그러다 보니 대부분의 교회가 이 주제를 회피하거나 넘어가려고 한다. 하지만 정치에 대해 완전히 침묵하면서 신자의 삶을 이야기하는 것은 요란한 빈 깡

통과 같다. 성도는 이 문제에 대해 목사들이 무엇인가 이야기해 주기를 바란다. 문제는 정치에 대해 말하는 것 자체가 현재 상황에서는 너무 어렵다는 것이다.

이 같은 상황에서 목사들은 "정치적인 문제는 하나님께 맡기고 우리는 기도합시다" 혹은 "하나님은 좌파도 우파도 아닙니다. 우리는 주님 편에 서야 합니다"라는 식으로 설교할 뿐이다. 그러나 이런 설교마저 기회주의라고 쉽게 공격받는다. 최근에는 우파의 하나님 혹은 좌파의 하나님이라는 말이 공공연하게 일부 교회 안에서 울려 퍼지고 있다. 이런 메시지에 노출된 신자들은 한쪽으로 치우친 채 사회뿐 아니라 교회도 분열시키고 있다.

역사 속에서 찾는 교훈

성경은 정치학 교과서가 아니기 때문에 정치에 대해 구체적인 답을 제시하지 않는다. 만약 성경대로[?] 나라를 세우려 한다면, 우리는 자유 민주주의가 아니라 왕정을 지지해야 할 것이다. 성경에서 명시적인 교훈을 찾기 어렵기 때문에, 교회사 속에서 국가와 교회의 관계를 간단히 살펴보는 것이 유익하다.

복음이 처음 전파되던 시기에 교회는 로마 제국으로부터 큰 박해를 받았다. 로마 황제는 교회의 원수로 간주되었고, 신자가 군인이 되는 것은 교회 안에서 일반적으로 허용되지 않았다. 하지만 박해 속에서 교회는 순수함을 지킬 수 있었고, 이로 인해 복음은 더 강력하게 전파되었다. 콘스탄티누스 황제의 기독교 개종 이후 교회와 국가의 관계는 바뀌었다. 황제는 교회의 수호자가 되었고, 심지어 교회 회의를 소집하고 주관하기도 했다. 수많은 시민이 교인이 되었지만, 이로 인해 교회의 거룩성은 심각하게 상실되기도 했다.

중세 1천 년 동안 교황은 점차 강력한 권한을 가지게 되었고, 사실상 세속 군주와 다름없이 행동했다. 군사적 동맹을 형성하거나 전쟁을 직접 지휘하기도 했다. 그가 가진 출교권은 왕권에도 큰 위협이 되었다. 온 세상 교회의 머리인 교황 자체가 비성경적인 교리였을 뿐 아니라, 종교 개혁 직전 여러 교황의 도덕적 부패는 역사상 최악이었다. 교회가 세속 권력을 가지면 얼마나 부패할 수 있는지를 이들은 확실하게 증명했다.

종교 개혁가들은 왕들의 힘을 받아서 교회를 교황으로부터 독립시키고자 했다. 이들은 왕들도 하나님께서 세우신 종이라고 확신했으며, 그들에게 도움을 얻는 것을 당연하다고 생각했다. 왕들이 원수가 되었을 때는 의회로부터 도움을 얻으려 했는데, 웨스트민스터 총회가 대표적인 예라고 할 수 있다. 세속 권력자들의 도움으로 종교 개혁이 성공한 것은 사실이지만, 교회의 운명이 세속 권력에 좌우되는 부작용도 있었다. 일반적으로 세속 군주들은 교회를 지배함으로 자신들의 권력을 강화하려 했고, 교리의 순수성보다는 정치적 타협을 추구했다. 이와 같은 군주들의 정책은 전반적으로 교회의 타락을 초래했다. 국가와 교회는 각자의 영역을 지키며 서로 간섭하지 말아야 한다는 것은 교회사가 가르쳐 주는 중요한 교훈이다. 오늘날 당연하게 받아들여지고 있는 이 교훈은 미국 독립전쟁 이후 조금씩 보편적으로 정착되기 시작했다.

오답 1: 극단을 피해야

어려운 문제일수록 오답을 찾는 것이 정답을 쉽게 찾는 지혜로운 방법이다. 정치적인 문제를 해결하는 데 있어서 가장 명확한 오답은 극단주의다. 극단주의자들에게 정치는 이데올로기가 된다. 그렇게 되면 정치는 더 이상 정치가 아니라 종교가 된다. 정치가 이데올로기가 된 대표적인 예는 국가주의, 즉 파시즘이다. 대표적인 예는 히틀러(Adolf Hitler)의 나치즘과 일본의 군국주의다. 게르만족의 우수성을 강조하는 히틀러의 나치즘에 수많은 독일인이 열광했다는 사실에 우리는 주목해야 한다. 심지어 목사나 신학교수도 히틀러 지지에 가담했다. 루터의 후예들이 그런 선택을 했다는 것이 믿기 힘들지만, 분명한 역사적 사실이라는 점을 신자들은 명심해야 한다.

일본의 군국주의에 굴복한 한국 교회도 이 문제에서 벗어날 수 없다. 그들은 신사 참배가 국민의례라고 강변했지만, 그 당시에는 국가 혹은 일본 황제가 종교였다. 해방 이후 그들은 비겁하게 "어쩔 수 없었다"는 식으로 항변했지만 '알아서 긴' 교회 지도자도 적지 않았으며, "우리는 교회를 지켰다"라고 뻔뻔하게 변명하는 이들도 있었다. 결국 안타깝게도 한국 교회는 지금까지 신사 참배 문제를 해결하지 못한 상태에 있다. 한국 교회의 성도 중 국가주의라는 우상에 쉽게 빠지는 사람이 적지 않은 이유가 여기에 있다.

정치적 극단에 빠진 신자 중에서 아마 자신을 극단주의자로 생각하는 사람은 아무도 없을 것이다. 극단주의에 빠진 이들의 대표적인 특징은 다른 사람의 말을 듣지 않는다는 것이다. 또한 자신의 의견과 다른 사람을 정죄할 뿐 아니라 악마화한다. 자유 민주주의의 근본적인 정신이 대화와 타협인데, 이들은 대화할 줄 모르며 타협을 악이라 생각한다. 그 이유는 정치적 신념을 절대적 진리라고 확신하기 때문이다. 신념과 진리를 혼동하게 되면 이데올로기가 되고, 이데올로기는 실천적인 면에서 종교와 다름이 없다.

문제는 극단주의자들이 교회 안에도 들어온다는 것이다. 종종 교회를 찾다가 오는 성도 중 담임목사에게 "어느 당을 지지하세요?"라고 질문하는 경우가 있다. 이 질문이 함의하는 바는 매우 분명하다. 그 사람에게는 정치가 신앙을 지배하고 있다는 사실이다. 그런 사람이 교회의 회원이 되면 자신의 정치적 입장을 공공연히 표명할 뿐만 아니라 이를 강요하고, 반대하는 교인에 대해서는 비난한다. 그렇게 되면 연약한 교인들은 큰 상처를 입게 되고, 교회는 분란에 휘말리게 된다.

오답 2: 무책임한 퍼 나르기

정치에 관한 또 하나의 오답은 거짓 증거다. 하나님께서 거짓을 얼마나 미워하시는지는 성경을 조금이라도 읽어 보면 잘 알 수 있다. 하지만 의외로 신자들은 거짓말을 대수롭지 않게 생각하는 경향이 있다. 여러 이유가 있겠지만, 평소에 거짓말을 쉽게 해서일 것이다. 한국 사람들이 음주 운전에 관대한 것과 유사하다고 할 수 있다. 예를 들어, 자기가 반대하는 정치인을 비난했는데 그 비난이 사실이 아니라는 것이 드러났을 경우, 대부분의 사람은 자신의 거짓말이 잘못되었다고 생각하지 않는다. 어쨌든 그 정치인은 비난받아야 할 나쁜 사람이기 때문이다.

정치에 중독되면 자신도 모르는 사이에 쉽게 제9계명을 어기게 된다. 상대 정치인의 잘못을 지적하는 것은 문제가 되지 않지만, 상대방의 잘못된 점만 계속 이야기하는 것은 제9계명을 심각하게 어기는 것이다. 부분적인 진실로 전체적인 진실을 가리기 때문이다. 그렇기 때문에 법정에서 재판관은 증인에게 '모든 진실'(the whole truth)을 말할 것을 요구한다. 의외로 적지 않은 신자가 상대 정치인을 비난하면서 자신은 사실을 말했다는 이유만으로 양심의 가책을 느끼지 않는다. 어쨌든 자신은 사실을 말했다고 생각하기 때문이다.

카톡과 같은 메신저가 발달한 오늘날, 신자들이 특히 주의해야 할 일은 소위 '퍼 나르기'다. 정치 중독자들은 친목을 위한 카톡 방에 아무 관련 없는 정치 소식을 올려 모임을 엉망으로 만들기도 한다. 더 위험한 일은 근거 없는 뉴스를 퍼 나르는 것이다. 가짜 뉴스를 퍼 나르는 이들에게는 진실보다 정치적 견해가 더 중요하다. 아마 그들은 사명감으로 그 일을 하고 있을 것이다. 하지만 근거가 없다는 것이 명확하게 밝혀졌음에도 그들은 사과하지 않는다. 자신은 단지 퍼 날랐을 뿐이고, 모든 책임을 뉴스를 생산한 사람에게 돌리기 때문이다.

정치적 견해가 첨예하게 대립할수록, 신자들은 거짓으로부터 자신을 지키기 위해 노력해야 한다. 신자에게 더 중요한 문제는 정치가 아니라 진실이다. 이는 성경을 읽어 보면 금방 알 수 있는 사실이다. 자신의 정치적 입장을 옹호하기 위해 진실을 약화하지 않도록, 신자들은 늘 주의해야 한다. 불신을 조장하며 공동체를 파괴하는 데 거짓보다 더 악한 것은 없기 때문이다.

성경적 원리

성경이 정치학 교과서는 아니지만, 정치에 대해 신자들에게 필요한 원칙은 제공하고 있다. 따라서 신자들은 성경적 정치 원리에 대한 최소한의 지식을 갖추어야 한다.

성경이 정치에 대해 가장 명시적으로 가르치는 교훈은, 모든 권세가 하나님께로부터 나왔다는 사실이다. 로마서 13장 1절은 이렇게 말한다. "권세는 하나님으로부터 나지 않음이 없나니 모든 권세는 다 하나님께서 정하신 바라." 잘 인식하지 못하겠지만, 이 말씀은 대한민국 헌법 제1조 2항과 명시적으로 상충한다. "대한민국의 주권은 국민에게 있고, 모든 권력은 국민으로부터 나온다." 이 헌법 조항은 대단히 중요하고 소중한 가치를 지니지만, 성경적 원리에 기초한 것은 아니기 때문에 신자에게 절대적인 규범이 될 수는 없다. 자유 민주주의를 지키기 위해 최선을 다해야 하지만, 이 체제가 성경의 가르침보다 우위에 있지 않다는 점을 잊어서는 안 된다.

이와 유사하게 '국기에 대한 맹세'도 검토해 볼 필요가 있다. 과거 '국기에 대한 맹세'에는 이런 문구가 포함되어 있었다. "조국과 민족의 무궁한 영광을 위하여 몸과 마음을 바쳐 충성을 다할 것을 굳게 다짐합니다." 이 맹세 역시 성경의 가르침과 명시적으로 충돌한다. 신자가 몸과 마음을 바쳐 충성을 다할 대상은 오직 유일하신 참 하나님 외에는 존재하지 않기 때문이다. 신자는 국가를 위해 최선을 다해야 하며, 때로는 목숨을 바쳐야 할 경우도 있을 수 있지만, 마음까지 바쳐 가면서 충성할 필요는 없다.

모든 통치자를 하나님께서 세우셨다는 것을 믿는다면, 자신이 지지하지 않은 사람이 대통령으로 선출되더라도 그를 인정해야 한다. 사실 이는 결코 쉽지 않은 신자의 태도다. 신자 중에도 대통령을 가리켜 함부로 말하는 이들이 적지 않다. 특히 나이가 들수록 반말을 하거나 상스러운 욕을 쉽게 사용하기도 한다. 한번은 그렇게 말하는 사람에게 "그분도 하나님께서 세우시지 않았습니까?"라고 물었더니, 그는 당당하게 "나는 그렇게 믿지 않는다"라고 말했다.

정치적 신념 때문에 성경적 진리를 거부하는 어리석음에 빠지지 않도록 조심해야 한다.

여기서 '모든'이라는 말에 특히 주목한 이는 종교 개혁가 장 칼뱅이었다. 당시 로마서 13장 1절은 왕권신수설에 대한 가장 중요한 근거 구절이었다. 여기에 대해서 칼뱅은 '모든'에 주목했다. 그러면서 왕만 하나님께서 세우신 권세가 아니라, 왕 밑에 있는 귀족 또한 하나님께서 세우신 권세임을 강조했다. 하나님은 그들에게 왕의 폭정에 대해 저항할 수 있는 권세도 주셨다고 주장했다. 이 성경적 가르침에 근거해 프랑스의 개신교 귀족들은 가톨릭 국왕에게 두려움 없이 맞서 싸울 수 있었다.

칼뱅의 견해는 정치를 이해함에 있어서 오늘날에도 적지 않은 도움을 준다. 아마 위정자라고 하면 신자들은 대부분 대통령만을 떠올릴 것이다. 하지만 대통령 외에 국회의장이나 대법원장, 헌법재판소장도 하나님께서 세우신 권세임을 기억해야 한다. 대통령에게는 계엄을 선포할 수 있는 권한이, 국회에는 이를 해제할 수 있는 권한이, 헌법재판소에는 그 결정의 합헌 여부를 판결할 권한이 있다. 신자들은 각 권력 기관이 각자의 영역 안에서 정의롭게 국무를 수행하도록 하나님께 기도해야 한다. 또한 모든 위정자를 알 필요는 없지만, 자신이 속한 지역의 국회의원이나 시·도지사가 누구인지는 알아야 하며, 그들이 바른 정치를 하도록 관심을 갖고 기도해야 한다.

모든 권세가 하나님께로부터 왔다는 사실이 권세자에 대한 절대적 복종을 의미하지는 않는다. 교회 역사 속에서 누구도 그렇게 가르치지 않았다. 우리는 사도들이 복음을 전하지 말라는 세상의 권세자들보다는 하나님께 순종했다는 사실을 성경을 통해 잘 알고 있다(행 5:17-26). 교회 역사 속에는 하나님께 순종하기 위해 순교한 신자들의 이야기가 가득하지만, 그들의 불순종이 저항이나 반란으로 이어지지는 않았다.

장로교 전통

스코틀랜드 장로교회는 칼뱅의 생각을 더욱 발전시켰다. 하나님께서 왕에게 권세를 주신 것은 사실이지만, 그 왕이 하나님을 배반한다면 백성이 저항할 수 있다는 사상이 그것이다. 그리하여 스코틀랜드 국민은 '국민 언약'(National Covenant, 1638)이라는 이름으로 찰스 1세(charles I)의 폭정에 맞서 싸웠다. 이들은 또한 잉글랜드 의회와 '엄숙 동맹과 언약'(Solemn League and Covenant) 조약을 맺고 국왕과의 전쟁을 계속 이어 갔다. 그러나 이 과정에서 내분이 발생하며 청교도 혁명은 실패했고, 결국 왕정복고로 이어졌다(1660년). 그 이후 스코틀랜드 장로교회의 성도들은 오랫동안 '죽음의 시간'(killing time)이라 불리는 고난의 시절을 보내야 했다. 스코틀랜드 교회의 역사는 교회가 정치에 의존할 때 얼마나 위험에 처할 수 있는지를 잘 보여 준다.

웨스트민스터 신앙 고백서는 국가 위정자와 교회의 직원(직분자)이 구분되어야 함을 명확히 선언한다(30장 1항). 이 조항은 특히 교회의 권징이 국가에 속한다고 주장한 에라스투스주의를 배격하고 있다. 설교나 성찬은 교회에 속하지만 권징은 세속 국가에 속한다는 에라스투스주의는 개혁파 안에서도 강력한 세력을 얻고 있었다. 종교 개혁이 완성된 이후에도 국가는 개체 교회의 목사를 세우는 데 결정적인 권한을 행사했다. 목사 청빙권을 독자적으로 확보하기까지 오랜 투쟁의 역사가 있었다.

장로교회는 국가의 일에 간섭하는 데 대단히 신중했다. 교회가 국가의 일에 개입할 경우 얼마나 큰 해를 받게 되는지 역사적으로 잘 알고 있었기 때문이다. 원칙적으로 장로교회 총회는 교회와 관련된(ecclesiastical) 일만 다룰 수 있다. 고백서는 더 분명하게 총회가 시민적 사안(civil affairs)을 다루어서는 안 된다고 못 박는다(웨스트민스터 신앙고백서 31장 5항). 따라서 교회는 원칙적으로 일상적인 상황에서는 교회 일에만 충실해야 하며, 주제넘게 세상 일에 나서서는 안 된다. 루터가 강조했듯이, 교회와 국가는 하나님께서 당신의 통치를 실현하시는 두 손이기 때문에, 이 둘은 각자의 영역에 충실해야 한다.

물론 이와 같은 원칙에도 예외는 있다. 바로 비상시국이다. 고백서는 비상시국이 무엇인지를 구체적으로 규정하지는 않지만, 일반적으로 전쟁, 재난, 박해와 같은 상황을 의미한다. 이런 경우 교회는 총회로 모여 정치적인 사안을 다루고 정부에 건의할 수 있다. 이때 교회가 사용해야 하는 형식은 '겸허한 청원'(humble petition)이다. 교회가 정부에 어떤 의견을 전할 때는 내용은 물론 그 형식에 대해서도 유의해야 한다.

교회는 정부가 특정 사안을 요청할 때 그 안건을 다룰 수 있다. 예를 들어, 이익 단체 간 대립이 너무 심각해 정부 스스로 결정할 수 없을 때 교회에 도움을 요청할 수 있을 것이다. 또는 대립하고 있는 두 단체에 대해 중재를 요청할 수도 있을 것이다. 이때 교회는 그 안건을 접수하여 다룰 수 있다. 만약 교회가 지혜롭게 잘 처리한다면, 국가와 사회에 큰 유익을 줄 뿐 아니라 국민으로부터 신뢰와 사랑도 받을 수 있다.

정치를 상대화해야

정치 중독에 빠지지 않는 가장 좋은 방법은 정치를 상대화하는 것이다. 수학과 달리 대부분의 정치 문제에는 정답이 존재하지 않는다. 일당 독재가 지배하는 공산주의 국가와 달리, 자유 민주주의 국가에서는 충분한 대화를 통해서 얻어진 최종적 타협이 답이다. 이 불만족스러운 결과를 답으로 받아들이고 개선해 가는 것이 신자의 의무다.

죄의 영향을 받은 이 세상에서 이상적인 정치 이론은 존재할지 몰라도, 이상적인 정치 지도자는 존재하지 않는다. 민주주의 국가에서 신자는 이상적인 통치자를 선출하는 것이 아니라, 현재 있는 부족한 사람 중에서 차선 혹은 차악을 선택할 뿐이다. 사울왕의 예를 보듯, 처음에는 훌륭하게 보였던 정치인이 순식간에 변절할 수 있다. 신자인 경우에도 이런 일이 일어난다면, 하나님을 믿지 않는 정치인을 과도하게 신뢰하는 것은 얼마나 어리석은 일인가! 따라서 어떤 정치인을 지지하더라도, 신자는 항상 어느 정도 거리를 두는 것이 바람직하다.

주님은 우리가 정말 하나님의 아들인지 분별할 수 있는 기준을 제시하셨다. 그 기준은 바로 평화다. "화평하게 하는 자는 복이 있나니 그들이 하나님의 아들이라 일컬음을 받을 것임이요"(마 5:9). 정치적으로 대립하는 사회 속에서 평화를 만드는 것은 결코 쉬운 일이 아니다. 아마 대부분의 신자는 자신의 정치적 신념이 옳다고 확신할 것이다. 하지만 옳은 말만 한다고 평화가 이루어지는 것은 아니다. 평화가 이루어지지 않는다면 그 주장이 무슨 유익을 가져오겠는가? 당분간은 입을 닫고 자신을 성찰하며 타인의 말에 좀 더 귀를 기울인 다음 겸손하고 온유하게, 그렇지만 분명하게 정치적 소신을 말하는 것이 오늘날 신자들에게 필요한 영적 덕목이다.

× 그리스도인의 삶 16 ×

종말을 대망하는
신자의 삶

재림에 대한 무관심

신자는 매주 예배 시간에 사도신경을 통해 주님의 재림을 이렇게 고백한다. "살아 있는 자와 죽은 자를 심판하러 오십니다." 그러나 안타깝게도 이 신앙이 신자의 삶에 별 영향을 미치지 않는 것 같다. 실제로 적지 않은 신자가 그리스도의 육체적 재림을 믿지 않는다. 자유주의 신학에 물든 이들은 주님의 재림을 단지 정의나 평화가 사회 속에 실현되는 것으로 이해한다. 더 큰 문제는, 주님의 재림을 믿는다면서 재림과 아무런 상관없이 살아가는 신자들이다. 그들은 재림을 믿지만 간절히 소망하지는 않으며, 재림에 대한 신앙이 그들의 삶에 아무런 영향을 주지도 않는다.

신자들이 재림을 소망하지 않는 가장 큰 이유는 이 세상이 살 만하기 때문일 것이다. 현재의 삶이 즐겁고 행복하다면 굳이 재림을 소망할 이유가 무엇이겠는가? 일제강점기에 고난 중에 있던 신자들이 주님이 오실 날만을 기다리며 살았던 이유는, 이 세상의 삶이 더 나아질 가능성이 전혀 존재하지 않았기 때문이다. 그들에게 유일한 소망이 있다면 오직 주님의 재림밖에 없었기에, 종말을 대망하며 이 세상을 살 수밖에 없었다.

신앙이 십자가의 죽음에만 머물면 과거에 매몰될 수밖에 없다. 그런 신앙은 단지 역사적인 신앙에 지나지 않으며, 오늘을 살아가는 신자에게는 아무런 영향을 미치지 못한다. 부활 신앙이 승천으로 승화되지 않는다면, 신자는 '여기'에만 관심을 가진다. 승천 신앙이 재림으로 발전하지 않으면, 신자는 '지금'에만 관심을 기울인다. 온전한 신앙은 '여기'(here)와 '지금'(now)을 넘어서 '저기'(there)와 '마지막'(end)을 포함해야 한다. 재림을 제외하고 온전한 신앙을 말하는 것은 불가능하다.

종말: 마지막과 목적

종말(終末)은 문자적으로 '마지막'을 의미한다. 인간에게는 두 가지 마지막이 존재한다. 하나는 개인의 마지막이고, 다른 하나는 세상의 마지막이다. 전자를 죽음이라 하고, 후자는 종말이라 부른다. 개인의 마지막을 이해하는 것도 중요하지만, 세상의 마지막을 이해하는 것도 중요하다. 마지막은 본질상 목적을 포함한다. 영어 단어 end는 경우에 따라 '마지막'이나 '목적'을 의미한다. 세상의 종말은 단순히 세상의 끝이나 소멸을 의미하지 않는다. 만약 그렇다면 세상은 아무런 의미를 갖지 못하게 될 것이고, 우리는 허무주의에 빠질 수밖에 없다. 세상의 마지막을 안다는 것은 곧 세상이 가진 목적을 안다는 것을 의미한다.

세상의 마지막에 대해 사람들은 어떻게 생각하는가? 불신자 대부분은 세상의 마지막이 없다고 믿는다. 어떤 이들은 세상의 시작도 없다고 생각하고, 세상의 시작이 있었다 해도 그것은 오랜 과거의 일일 뿐이며, 따라서 세상의 종말도 먼 미래의 일일 뿐이라고 생각한다. 지구의 자원이 모두 고갈되거나 기후 변화로 육지가 모두 잠기거나 태양의 핵융합이 끝나면 지구의 존재는 사라지게 되겠지만, 이 모든 가능성은 영화 속에서만 실현될 뿐이다. 그 영화는 시청자에게 흥미나 경각심은 주겠지만, 그들의 삶을 변화시키지는 못한다.

신자들이 세상의 종말에 대한 바른 교리를 알아야 하는 이유는, 그 지식이 우리의 삶에 큰 영향을 주기 때문이다. 세상의 종말을 믿는 사람과 믿지 않는 사람은 세상을 똑같이 바라볼 수 없을 뿐 아니라, 이 세상에서 똑같은 방식으로 살아갈 수도 없다. 만약 차이가 전혀 나지 않는다면, 종말을 실제로 믿지 않거나 성경이 가르치는 바대로 믿지 않기 때문일 것이다. 예를 들어, 신앙의 선배들은 주님께서 오시면 언제든지 맞이해야 한다는 신앙을 가지고 있었기 때문에, 자기 전 머리맡에 항상 깨끗한 옷을 준비하곤 했다.

거짓 종말론과 그 기준

안타깝게도 종말에 대한 무관심으로 인해 한국 교회는 성도들에게 종말론을 제대로 가르치지 않았고, 그 결과 수많은 거짓 종말론이 양산되었다. 신천지를 비롯해 우리나라에 유행하는 상당수의 이단은 대부분 거짓 종말론에 기초한다. 교회가 종말을 가르치지 않으니, 종말에 관심을 가진 신자들이 이단의 가르침에 쉽게 빠지는 것이다. 신자들에게 그 많은 이단의 오류를 일일이 다 가르칠 필요는 없고, 종말에 대한 성경의 교훈을 세세하게 다 설명할 필요도 없다. 종말 외에도 신자에게 가르쳐야 할 중요한 교훈이 많기 때문이다. 그러나 거짓된 종말을 분별하는 중요한 기준은 반드시 가르쳐야 한다.

거짓 종말론의 가장 큰 특징은 공포와 두려움이다. 시한부 종말론인 휴거론이 그 대표적인 예다. 그들이 사용하는 언어나 그림은 그것을 접하는 신자들에게 공포심을 일으키기에 충분하다. 그 내용이 무엇이든 상관없이 그들의 교리는 무조건 틀렸다고 단언할 수 있다. 그들의 교리가 신자에게 위안이나 평안을 주지 못하기 때문이다. 심지어 그들은 성경 해석에도 충실하지 않다. 휴거론자들은 데려감을 당한 자가 구원을 받는다고 가르치는데, 예수님께서 휴거의 예로 제시하신 노아와 롯의 시대를 생각해 보면, 데려감을 당한 자가 아니라 오히려 남은 자가 구원을 받는다(눅 17장).

거짓 종말론의 또 다른 특징은 세상에 대한 무관심이나 도피를 유도한다는 것이다. 교회사 속에서 존재했던 대부분의 거짓 종말론자들이 이러한 삶의 태도를 보였다. 그들의 논리는 단순하다. 세상의 마지막이 가까이 왔기 때문에 이 세상에 미련을 둘 필요가 없다는 것이다. 이 논리는 매우 설득력 있게 들리기에, 일단 거짓 종말론에 빠진 자들은 이 논리에서 벗어나기가 어렵다. 이 논리에 현혹된 이들은 자신의 재산을 이단 교회에 갖다 바치기도 한다. 정작 교주들은 그 헌금으로 자신의 부를 축적한다. 그러나 성경의 바른 종말론은 신자들에게 이 세상의 삶을 성실하게 살라고 권면한다.

거짓 종말론은 거의 예외없이 새로운 계시와 연관되어 있다. 성경에 따르면, 하나님은 '그날과 그때'를 인간에게 감추셨다. 그 이유를 우리는 알 수 없지만, 하나님께서 그렇게 하신 이유는 그것이 우리의 신앙에 유익하다고 판단하셨기 때문이다. 그러나 교만한 인간은 예수를 믿고도 그날과 그때를 알고 싶어 한다. 시한부 종말론은 바로 이러한 인간의 호기심을 파고든다. 그 결과, 그들은 하나님께서 자신들의 선지자에게 특별히 새로운 계시를 통해 그날을 알려 주셨다고 주장한다.

시한부 종말론이 특히 위험한 이유는 성경의 최종적 권위를 훼손하기 때문이다. 그들은 자신의 교회가 예언적 성경을 해석할 열쇠를 가졌다고 주장한다. 계시록에 상징적 요소가 있기 때문에 그와 같은 주장이 더욱 힘을 받기도 한다. 그날과 그때는 아들도 모른다고(마 24:36) 설명해도, 그들은 예수님이 당시에만 몰랐을 뿐, 이제는 새로운 계시를 통해 그날을 알려 주셨다고 강변한다. 오늘날에도 하나님께서 새로운 계시를 주실 수 있다는 교묘한 논리의 덫에 걸리면, 거짓 교리에 빠지는 것은 시간문제다.

심판의 날

종말은 심판의 날이다. 이것은 성경이 가르치는 교리다. 그러나 이 교리가 신자들에게 어떻게 위안을 줄 수 있을까? 주님의 오심을 기다리는 신자는 많지만, 세상의 심판을 소망하는 신자는 많지 않은 것 같다. 그러나 세상의 마지막, 주님의 재림, 세상의 심판은 분리될 수 없다. 세상의 마지막은 주님께서 다시 오시는 날이며, 그 목적은 심판이다. 주님의 재림을 기다리면서 주님의 심판을 기다리지 않는 것은 불가능하다.

그렇다면 누가, 어떤 신자가 주님의 재림을 간절히 사모할까? 바로 주님의 심판을 사모하는 자다. 그 심판을 사모하는 신자는 과연 누구일까? 우리는 이에 대한 답을 시편에서 쉽게 발견할 수 있다. 시편은 하나님의 의로운 심판을 호소하는 간구로 가득 차 있다. 그들은 이 세상에서 하나님의 뜻을 구하며, 그 뜻에 따라 살기를 원한다. 그러나 하나님과 교회의 원수(마귀와 이 세상과 육신의 정욕)로 인해 고난과 박해를 당할 뿐이다. 원수들의 힘은 스스로의 힘으로 싸워 이길 수 없을 정도로 강력하다. 유일한 소망은 하나님께서 그들에게 의로운 심판을 시행하시는 것이다.

많은 신자가 이 세상에서 부당한 대우를 받으며 살아간다. 생계를 위해 직장 생활을 하면서 상사들의 갑질을 감내해야 한다. 장사하는 이들은 매출을 더 올리기 위해 고객들의 부당한 항의를 묵묵히 들어야 한다. 공무원과 교사들은 악성 민원에 시달리는데, 안타까운 것은 그런 일이 해결될 기미가 보이지 않는다는 것이다. 신자들이 이와 같은 상황에서 할 수 있는 일은 하나님께 심판을 호소하는 것뿐이다. 이 세상에서 의로 인해 수모를 당하면 당할수록, 신자들은 심판의 날을 사모할 수밖에 없다. 그러나 주님의 심판을 정말로 믿기 때문에 오히려 이 불의한 세상에서 당당하게 살아갈 힘을 얻는다.

속히 오지만

종말에 대한 성경의 또 다른 분명한 가르침은 그날이 속히 온다는 사실이다. 솔직히 이 교리는 성도들을 당황하게 만든다. 주님께서 재림하신다는 예언을 한 지 벌써 2천 년이 지났기 때문이다. 그렇기에 신자들 중에는 주의 재림이 늦어진다고 생각하는 이가 많다. 이에 대해 사도 베드로는 분명히 말한다. "오직 주께서는 너희를 대하여 오래 참으사 아무도 멸망하지 아니하고 다 회개하기에 이르기를 원하시느니라"(벧후 3:8-9). 그의 가르침은 분명하다. 주의 오심은 더딘 것처럼 보이지만, 실제로는 그렇지 않다. 주님께서 아직 오시지 않은 이유는 택한 백성이 다 회개하기를 원하시기 때문이다. 따라서 주님의 참고 인내하심을 가볍게 여겨서는 안 되며, 오히려 택한 백성의 회개를 위해 회개의 복음을 전파하는 데 더욱 힘써야 한다.

속히 올 그날이 언제일지 우리는 알 수 없다. 주님께서 속히 오시지만 언제 오실지 모른다면 신자는 이 세상을 어떻게 살아가야 할까? 이 질문에 대한 답은 사도 바울을 통해서 알 수 있다. 바울은 그날이 도둑같이 임할 것이라고 말한다. 그런데 동시에 우리에게는 도둑같이 임하지 않을 것이라고 말한다(살전 5:1-4). 이는 무슨 뜻일까? 신자는 그날을 알 수 있기 때문일까? 그렇지 않다. 그날을 모른다는 점에서 신자와 불신자는 아무런 차이가 없다. 그러나 신자는 항상 깨어 있기에(어둠에 있지 않기 때문에) 걱정할 필요가 없다. 전투 준비가 잘된 군인은 갑자기 전투가 벌어져도 두려워하지 않는 것과 유사하다.

깨어 정신을 차리라!

마태복음 25장에는 종말에 대한 세 가지 비유(열 처녀 비유, 달란트 비유, 양과 염소 비유)가 등장한다. 이 세 비유는 각각 종말에 대한 고유한 교훈을 제공한다. 하지만 이를 따로 보기보다는 상호 보완적으로 볼 때 종말에 대한 종합적인 관점을 가질 수 있다. 예수님은 이 비유를 통해 성도들이 1) 종말을 늘 준비하도록, 2) 자신에게 주어진 사명에 충실하도록, 3) 고난을 끝까지 견디도록 격려하신다. 예수님이 가르치신 종말론이야말로 참된 종말론이라 할 수 있다.

성경의 모든 종말 교리가 신자들의 삶에 주는 교훈은 매우 명확하다. 그것은 바로 '깨어 정신을 차리는 것'이다. 열 처녀 비유가 이를 잘 가르쳐 준다. 비유의 핵심 주제는 지혜다. 이 비유에 따르면 누가 지혜로운 사람인가? 지혜는 '마지막'을 아는 것이다. 열 처녀 모두 신랑이 올 것을 알았지만, 언제 올지는 몰랐다. 그렇다면 지혜로운 사람과 미련한 사람의 차이는 무엇일까? 지혜로운 처녀는 신랑이 속히 올 수도 있다고 생각했기에 등과 기름을 준비했지만, 미련한 처녀는 늦게 올 것이라고 생각했기에 등만 준비했을 뿐이었다.

예수님은 비유의 마지막에서 이렇게 결론을 내리신다. "그런즉 깨어 있으라 너희는 그날과 그때를 알지 못하느니라"(마 25:13). 여기서 '깨어 있으라'는 주의 오심을 항상 준비하라는 뜻이며, 깨어서 정신을 차리는 것이 곧 주님의 오심을 준비하는 것임을 의미한다. 지혜로운 다섯 처녀가 등과 기름을 준비했다면, 신자는 주의 오심을 위해 무엇을, 어떻게 준비해야 할까?

그날을 준비하는 것에 대해 열 처녀 비유에 이어지는 달란트 비유를 살펴보는 것이 유익할 것이다. 일반적으로 달란트를 주님께서 주신 은사나 재능으로 생각하는 경우가 많은데, 본문을 좀 더 정확히 살펴볼 필요가 있다. 비유에 등장하는 주인은 종들에게 '재능대로' 달란트를 주었다. 따라서 주인이 종에게 준 것은 재능이 아니라, 재능에 따라 맡긴 직무(사업 자금)였다. 이 비유에서 달란트와 재능은 명백히 구분된다. 그러므로 이 둘을 혼동하지 않도록 유의할 필요가 있다.

달란트 비유에서 '그날'은 결산의 날이다. 주인은 종들이 한 일에 따라 심판을 수행한다. 이 심판에 따라 충성된 종은 주인의 즐거움에 참여하지만, 악한 종은 그 즐거움에서 쫓겨나 슬피 울며 이를 갈게 된다. 주목할 점은, 주인의 심판이 주인이 맡긴 달란트를 종들이 어떻게 처리했는가에 따라 시행된다는 것이다. 따라서 달란트는 종들이 가진 재능이 아니라, 주님께서 제자들에게 맡기신 직무를 의미한다고 보아야 할 것이다. 그 직무는 비유에 명확하게 나타나 있지 않지만, 복음 선포의 직무를 의미한다고 보는 것이 자연스럽다.

주님께서는 세상에 오신 이후, 교회에 모든 민족에게 복음을 전하고 제자를 삼으라는 사명을 주셨다. 주님은 이를 위해 십자가에서 죽으시고 부활하셨으며, 승천 후 성령을 보내어 교회를 세우고 제자들에게 그 사명을 수행하도록 하셨다. 승천하신 주님은 성부 우편에 앉아 계시다가 최후의 날에 오셔서, 맡기신 일에 얼마나 충성했는가에 따라 제자들을 심판하실 것이다. 그렇다면 누가 주님의 재림을 열심히 소망하겠는가? 다섯 달란트와 두 달란트를 받은 종은 주인이 속히 오기를 간절히 소망했을 것이다. 마찬가지로 주님께서 맡기신 일에 헌신한 신자일수록 주님의 재림을 갈망할 것이다.

양과 염소의 비유 또한 25장의 문맥 속에서 이해할 필요가 있다. 본문을 가볍게 읽으면, 주님을 위해 가난한 자들에게 착한 일을 하면 천국에 가고, 그렇지 않으면 지옥에 간다고 생각할 수 있다. 만약 이렇게 이해하면 성경의 교훈과 세상의 종교적 가르침 사이에 근본적으로 아무런 차이가 없게 된다. 세상에서 선한 일을 많이 하면 하나님께서 갚아 주신다는 것이 어떻게 복음이 될 수 있겠는가?

양과 염소의 비유에서 우리는 심판의 기준을 보게 된다. 그 기준은 바로 '내 형제 중 지극히 작은 자에게 행한 것'이다. 따라서 임금의 심판을 제대로 이해하기 위해서는 '내 형제'가 누구인지를 정확히 알아야 한다. 그들은 주린 자들이었고, 목마른 자들이었으며, 헐벗은 자들이었고, 옥에 갇힌 자들이었다. 이들은 단순히 길거리에 있는 거지를 의미하는 것이 아니다. 그들은 복음 때문에 주리고 목마르며 박해를 받은 자들이었고, 주님께서 보내신 자들로서 주님의 사명을 수행하다 극심한 가난에 처했다. 실제로 모든 사도가 그런 삶을 살았다.

주의 제자들이 이 세상에서 복음을 위해 비참한 삶을 살게 될 때, 그들은 두 부류의 사람을 만나게 될 것이다. 어떤 사람들은 그들에게 먹을 것과 마실 것을 주면서 환대할 것이고, 다른 사람들은 그들을 완전히 무시할 것이다. 제자들은 자신들을 환대하는 이들에게는 아무것도 줄 것이 없지만, 자신이 전하는 복음을 무시하고 대적하는 이들에게는 수치와 모욕을 당하게 된다.

그렇다면 주님의 제자들이 자신에게 주어진 사명을 끝까지 잘 수행할 수 있을까? 양과 염소의 비유는 바로 이러한 제자들에게 격려의 메시지를 전한다. "너희가 아무리 작아도 너희는 내 형제다. 내가 너희에게 행하는 대로 그들에게 갚아 줄 것이다." 이 비유는 특히 고난과 박해 가운데 있는 말씀의 사역자들에게 엄청난 위로의 메시지를 전달한다.

하나님의 심판 & 신자의 관용

마태복음 25장의 세 비유에서 우리는 주로 처녀, 종 그리고 양과 염소에 관심을 가진다. 하지만 이 비유에서 우리가 주목해야 할 대상은 신랑, 주인 그리고 임금이다. 이 셋은 모두 마지막 날에 있을 심판자이신 삼위 하나님을 가리킨다. 성도들이 심판의 날을 간절히 기다리는 이유는 의로우신 심판자가 있기 때문이다. 결국 종말에 대한 신앙은 심판자에 대한 신앙이다. 세상을 창조하신 하나님은 우리를 구원하고, 세상을 심판하시는 분이다.

그런데 심판하시는 하나님을 신자들이 사모하기보다 꺼리는 이유는 무엇일까? 여러 이유가 있겠지만, 하나님의 심판을 기다리기보다 자신이 심판하기를 원하기 때문일 것이다. 하지만 우리 자신이 심판자가 된다면, 그 심판은 과연 의로울까? 상대방이 나를 한 대 때렸을 때, 나도 한 대만 때려야겠다고 생각하는 사람이 얼마나 되겠는가? 정말로 주님의 심판을 믿는다면, 내가 원수를 갚기보다 의로우신 하나님께 맡기는 여유를 가질 것이다(히 10:30).

최근에 일어난 정치적 상황을 곰곰이 살펴보면, 신자들이 너무 조급한 것 같다. 행동이나 태도를 보면 불신자와 별 차이가 없는 이가 너무 많다. 그들은 마치 하나님의 심판이 없는 것처럼 살아간다. 바울 사도는 이렇게 말했다. "너희 관용을 모든 사람에게 알게 하라 주께서 가까우시니라"(빌 4:5). 심판주이신 하나님에 대한 신앙은 이웃에 대한 관용으로 나타날 수밖에 없다.

　오늘날 신자들에게서 관용을 찾아보기 어려운 가장 큰 이유는, 재림과 심판에 대한 신앙이 사실상 사라졌기 때문이다. 주님은 이렇게 말씀하셨다. "인자가 올 때에 세상에서 믿음을 보겠느냐"(눅 18:8). 지금이야말로 재림과 심판 그리고 종말의 신앙을 회복해야 할 때다.

주님께서 아직 오시지 않은 이유는
택한 백성이 다 회개하기를 원하시기 때문이다.
우리는 회개의 복음을 전파하는 데 더욱 힘써야 한다.